U0446721

经理人下午茶系列 21

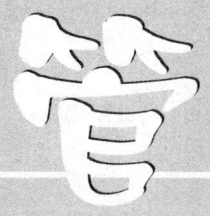理绩效

——以获取最好的效果

《哈佛管理前沿》
《哈佛管理通讯》 编辑组 编

宋亦平 朱京蕾 译

商务印书馆
2010年·北京

Managing Performance to Maximize Results

Original work copyright © Harvard Business School Publishing Corporation.

Published by arrangement with Harvard Business School Press.

图书在版编目(CIP)数据

管理绩效——以获取最好的效果/《哈佛管理前沿》《哈佛管理通讯》编辑组编;宋亦平等译.—北京:商务印书馆,2010
ISBN 978-7-100-06524-5

I.管… II.①哈… ②宋… III.公司—企业管理—经济评价 IV.F276.6

中国版本图书馆 CIP 数据核字(2009)第 012922 号

所有权利保留。

未经许可,不得以任何方式使用。

管 理 绩 效
——以获取最好的效果

《哈佛管理前沿》《哈佛管理通讯》编辑组 编
宋亦平 朱京蕾 译

商 务 印 书 馆 出 版
(北京王府井大街36号 邮政编码 100710)
商 务 印 书 馆 发 行
北京瑞古冠中印刷厂印刷
ISBN 978-7-100-06524-5

2010年4月第1版   开本 650×1000 1/16
2010年4月北京第1次印刷   印张 11½
定价:25.00元

商务印书馆—哈佛商学院出版公司经管图书翻译出版咨询委员会

（以姓氏笔画为序）

方晓光　盖洛普（中国）咨询有限公司副董事长
王建铆　中欧国际工商学院案例研究中心主任
卢昌崇　东北财经大学工商管理学院院长
刘持金　泛太平洋管理研究中心董事长
李维安　南开大学国际商学院院长
陈国青　清华大学经管学院常务副院长
陈欣章　哈佛商学院出版公司国际部总经理
陈　儒　中银国际管理公司执行总裁
忻　榕　哈佛《商业评论》首任主编、总策划
赵曙明　南京大学商学院院长
涂　平　北京大学光华管理学院副院长
徐二明　中国人民大学商学院院长
徐子健　对外经济贸易大学副校长
David Goehring　哈佛商学院出版社社长

致中国读者

哈佛商学院经管图书简体中文版的出版使我十分高兴。2003年冬天,中国出版界朋友的到访,给我留下十分深刻的印象。当时,我们谈了许多,我向他们全面介绍了哈佛商学院和哈佛商学院出版公司,也安排他们去了我们的课堂。从与他们的交谈中,我了解到中国出版集团旗下的商务印书馆,是一个历史悠久、使命感很强的出版机构。后来,我从我的母亲那里了解到更多的情况。她告诉我,商务印书馆很有名,她在中学、大学里念过的书,大多都是由商务印书馆出版的。联想到与中国出版界朋友们的交流,我对商务印书馆产生了由衷的敬意,并为后来我们达成合作协议、成为战略合作伙伴而深感自豪。

哈佛商学院是一所具有高度使命感的商学院,以培养杰出商界领袖为宗旨。作为哈佛商学院的四大部门之一,哈佛商学院出版公司延续着哈佛商学院的使命,致力于改善管理实践。迄今,我们已出版了大量具有突破性管理理念的图书,我们的许多作者都是世界著名的职业经理人和学者,这些图书在美国乃至全球都已产生了重大影响。我相信这些优秀的管理图书,通过商务印书馆的翻译出版,也会服务于中国的职业经理人和中国的管理实践。

20多年前,我结束了学生生涯,离开哈佛商学院的校园走向社会。哈佛商学院的出版物给了我很多知识和力量,对我的职业生涯产生过许多重要影响。我希望中国的读者也喜欢这些图书,并将从中获取的知识运用于自己的职业发展和管理实践。过去哈佛商学院的出版物曾给了我许多帮助,今天,作为哈佛商学院出版公司的首席执行官,我有一种更强烈的使命感,即出版更多更好的读物,以服务于包括中国读者在内的职业经理人。

在这么短的时间内,翻译出版这一系列图书,不是一件容易的事情。我对所有参与这项翻译出版工作的商务印书馆的工作人员,以及我们的译者,表示诚挚的谢意。没有他们的努力,这一切都是不可能的。

哈佛商学院出版公司总裁兼首席执行官

万季美

目录

前言   001

第一部分 挖掘绩效管理体系的最大价值   017

1. 绩效考核已死,绩效管理长存!
       蒙奇·J.威廉姆斯   019
2. 绩效考核的必要性   031
3. 让绩效考核多一些成就,少一点痛苦
       彼得·L.艾伦   039
4. 成功的绩效考核需要哪些考核指标
   ——一份清单   卡伦·卡尼   047

第二部分 区别对待不同员工   055

1. 怎样从绩效考核中得到最好的结果
       迈克尔·E.哈特斯利   057
2. 影响工作结果的绩效管理   洛伦·加里   067
3. 罗伯特·弗里茨谈糟糕业绩背后的
   严酷现实   劳伦·凯勒·约翰逊   079
4. 身陷"优秀业绩"牢笼   詹妮佛·麦克法兰   087

第三部分　解读期望的力量　　　　　　　　　091

1. 美好的期望——良好结果的关键所在？
   　　　　　　　　　　劳伦·凯勒·约翰逊　093
2. 将来的反馈　　　　　　　哈尔·普洛特金　101

第四部分　选择绩效考核指标　　　　　　　109

1. 现在该如何思考绩效评估　　　洛伦·加里　111
2. 用测评来提高团队绩效　　　　　　　　　123
3. 为高绩效做预算　　　　　　　　　　　　135
4. 指标和启示——评估知识型员工绩效的
   　　五个关键　　　　　康斯坦丁·冯·霍夫曼　145

第五部分　让360度反馈评价法产生价值　153

1. 该不该用360度反馈评价法考评绩效
   　　　　　　　　　　　　　爱德华·普鲁伊特　155
2. 打分游戏——改进360度反馈评价法以提高绩效
   　　　　　　　　　　劳伦·凯勒·约翰逊　165

作者简介　　　　　　　　　　　　　　　　175

前　言

　　身为一名经理人,你肩负重担。评估员工的绩效可以说是你最重要的管理工作之一。毕竟,绩效评估能为你的公司带来有价值的结果,其中包括:

- 决定你的团队实现组织目标的情况如何
- 了解向你直接汇报的下属能有所建树的强项
- 发现每一位员工能够提高能力的机会
- 为每一位员工度身定做职业发展计划
- 作出有关薪酬、晋升和奖励的重要决定
- 整理不良绩效的文件,在必须降级或开除一名员工时,这些材料能提供依据,保护公司免于法律责任

　　事实上,正如《绩效考核问答——经理人生存手册》(The Performance Appraisal Question and Answer Book: A Survival Guide for Managers)一书的作者迪克·格罗特(Dick Grote)所说的那样,高效的绩效评估能成为经理人工作锦囊中最有价值的道具。格罗特认为:"没有其他任何管理流程能像绩效评估一样,对员

工的职业生涯和工作产生如此巨大的影响。"正如格罗特所强调,考虑周全的考核流程能帮助员工提高整整一年的工作效率。当一套高效的流程广泛地应用于整个组织中时,由此带来的整体绩效的提高能够帮助企业占据一个重要的竞争地位。高效考核体系有如此大的战略性价值,难怪一些成功企业不愿意透露它们的绩效评估手段。

然而,尽管绩效评估流程能带来这些好处,其本质上的一些局限性也给评估员工绩效带来很大的困难。例如,在正式的绩效评估场合提出批评意见并不会促其上进,只会令员工受挫。汤姆·科恩斯(Tom Coens)和玛丽·詹金斯(Mary Jenkins)在他们的《废除绩效考核》(Abolishing Performance Appraisal: Why They Backfire and What to Do Instead)一书中写道:"在30分钟的会议里,经理人能把一个原本精力充沛、忠心耿耿的员工变为意志消沉、冷眼旁观的局外人,在周末翻阅招聘广告时,一心想着另谋高就。"

此外,很多经理人发现准确评估员工绩效十分困难。的确,每个人都能看出谁是明星员工,谁是超级懒鬼。但是,怎样精确地评估10个、20个,甚至更多业绩处于中游的下属呢?而且这些人的工作表现极有可能受到他们所受的培训、现有工具和工作环境的限制。单从实际操作层面上来讲,谁有时间如此劳心费力地逐一分析?该用哪种标准来评价团体中的每位成员?

在缺乏具体的评价手段的情况下,经理人无论怎样打分都会因为自己不全面的记忆、感情和性格而影响到评估结果的公正性。此外,经理人可能还想分别就优秀员工、一般员工和业绩差劲的员工量身订制评估报告。但是,具体该怎样做到这一点呢？

正是由于考核机制种种的内在问题,导致绩效评估不但是员工的心病,也是经理人的噩梦。经理人也会感到焦虑,甚至还可能变得对其彻彻底底地厌恶。同样麻烦的是,对评估流程持消极态度会浪费公司的大量宝贵时间：经理人拖延、推迟正式评估报告出台,最终导演出一连串"僵硬呆板的措施,对最大的潜在威胁只字不提,每个人的评价都不错,有价值的事情一件都没做到"。商务作家蒙奇·J.威廉姆斯（Monci J. Williams）如此说道。

最后,尽管一些公司试图通过使用新方法来突破传统绩效评估的局限,但是由此产生的结果又产生了新的问题。以360度反馈为例：这种方法把上司、同僚、下属,甚至客户或供应商的意见综合在绩效评估中。听上去很棒,不是吗？这样的多层次反馈远比单一的上级反馈要全面和有效,不是吗？这确实有点道理。但是,360度反馈评价法也有它自身的缺陷。举一个简单的例子,员工在对上级做评估时很可能因为害怕身份泄露后遭受打击报复而不敢真实作答。又如,一位员工正在和同事竞争一项报酬丰厚或有晋升机会的任务,他就可能对那位同事给出负面评价,以此影响上级的决策。

如果上面这些问题让你越来越没有信心做好员工绩效考评的话,别着急,我们有办法解决考核流程中的这些特殊问题。这本书中的文章提供了丰富的知识和技能,可以令你的绩效评估达到它应有的商业价值。虽说评价员工绩效绝非易事,但是操作流程上的一些细微改变能够帮助你变可憎的苦差为美事。本书将教你如何彻底检查公司绩效评估体系以实现更高效率;如何为优秀员工、一般员工和差劲的员工定制不同的绩效反馈方式;如何在评估中利用预期目标的力量鼓舞员工士气,令其作出最佳表现。此外,本书还将教你如何将360度反馈评价法的作用发挥到极致,告诉你怎样为团队和员工个人选择正确的绩效评估标准。

现在我们预览一下这本书的大体内容:

挖掘绩效管理体系的最大价值

高效的绩效考核体系存在某些共性——本书第一部分将为你解读这些共性。在"绩效考核已死,绩效管理长存!"(Performance Appraisal is Dead. Long Live Performance Management!)一文中,作者蒙奇·J.威廉姆斯建议取消那种一年一次,经理人正儿八经找员工

谈话的考核模式，取而代之以双向交流的，贯穿一整年的持续反馈、发展、培训和目标设定。通过不断交流，经理人和员工一同去发现他们工作技能上的不足之处，以及企业在未来几年中可能需要员工掌握的技能。在了解这些信息后，员工就能把自身发展计划和为掌握企业所要求的能力而制订的培训计划结合起来。

威廉姆斯认为，这种方法能否成功取决于经理人与员工的谈话。他针对有效沟通提出了九项建议，其中包括，每年和每位员工就绩效问题开展至少三次到四次交流，清楚地告知员工需要他们学习和掌握的新技能和职场规范，以及给出正面、积极的反馈意见。

"绩效考核的必要性"（Alternatives to Performance Reviews）一文指出了传统评估体系的内在缺陷。怎样克服这些缺陷呢？文章通过令人信服的案例提出分拆传统年度评估的各项指标（反馈、奖励决策、法定保障，等等），并为各项指标创建独立的运作机制。

例如，一家软件公司废除了绩效考评，但是要求经理和下属就绩效问题至少一个月进行一次会谈，不过经理并不会就这些谈话给下属评分。谈话的重点在于弄清员工可以在哪些绩效上有所提高，以及如何实践这些绩效的提高。其他一些企业也通过独立的考核指标来把握薪酬决策。例如，通用汽车公司（General Motor）的动力系统部门在薪酬允许范围内会根据员工经验确定加薪。还有一些企业会嘉奖那些掌握了特定新技能的员工,或者在独立于反馈环节的谈话中表彰员工。

在"让绩效考核多一些成就,少一点痛苦"(Performance Appraisals with More Gain, Less Pain)一文中,管理咨询师彼得·L.艾伦(Peter L. Allen)从迪克·格罗特写的"绩效考核问答——经理人生存手册"中提炼出让考核体系更加有效的几个要点。格罗特建议经理人每年至少和员工开两次正式会议——年初一次,提出年度工作计划;年末一次,总结一年工作。同时,他建议经理人在其他日子里每天都给予员工辅导。坚持有规律地记录员工业绩也能帮助你更好地准备正式考核——这能防止你在评估时带有偏见(例如,只强调那些没有做好的工作,或是只记得最近的事情)。把绩效反馈与公司战略和目标联系起来也会有所帮助。这样就明确了每位员工的主要职责,并且可以据此进行考核。

在商务作家卡伦·卡尼(Karen Carney)写的"成功的绩效考核需要哪些考核指标——一份清单"(Successful Performance Measurement: A Chechlist)一文中也涉及了这部分内容。文章为判断绩效评估的效率提供了五项关键指标:(1)"我们的考核体系始于公司愿景,而每位员工都清楚公司愿景";(2)"每个团队都通过绩效考核机制和公司愿景联系在一起";(3)"个人和团队的绩效目标清晰而不盲目";(4)"我们对员工进行持续的教育和培训";(5)"我们拥有简明的考核体

系,能引导考核过程直达目标"。除了这五项指标之外,卡尼就无法简单量化的考核工作——例如,建立人际关系,创造力等——给出了三条建议,包括让员工参与到考核过程中来,参与他们自己的考核标准的制定(例如,"如果你离开现在的团队,那么有哪些工作会因此无法完成?"),让员工自己寻找合适的考评者(其他同事、客户、供应商、合作伙伴等),根据考核标准恰当地综合硬性指标和软性指标来评估员工业绩。

区别对待不同员工

不管是表现优秀的员工、表现一般的员工,还是表现差劲的员工都会给评估工作带来困难。本书第二部分的文章将教你如何为不同员工定制考核标准。在"怎样从绩效考核中得到最好的结果"(How to Get the Best out of Performance Reviews)一文中,商务作家迈克尔·E.哈特斯利(Michael E. Hattersley)建议执行三种不同的评估方法。对于明星员工,"可以一一点评他们获得的成绩,强调积极的一面……(和他们)讨论你在工作中遇到的问题,邀请(他们)参与解决问题。"对于那些表现一般的员工,先要了解他们的表现是否已经达到自身能力极限。对已经达到极限的员工不必再提高要求,只需恰当地评估他们的表现即可。对尚有提升空间的员工,要让他们明白自己的努力方向和能力提高后可以得到的奖励。对于表现差劲的员工，要直截了当地指出他们的问题，"但是对他们绩效的提高还要抱有希望。对于他们犯下的错误和弥补方式说得越清楚越好。"此外，"严格根据绩效考核标准提出批评，千万别指责下属的性格问题，那可不是想改就能改的。"

在"影响工作结果的绩效管理"（Performance Management That Drives Results）一文中，商务作家洛伦·加里（Loren Gary）又给出了三条来自人力资源专家的意见，用不同方式评估和管理上述三类员工。例如，找出你的团队要完成的"A类工作"——这些工作和公司总体战略息息相关。确定每一项A类工作的最优绩效的定义。让最优秀的员工去做这类工作，并根据事先拟定的最优绩效的标准来评估他们的成绩。那些表现让你基本满意的"B类员工"在你的团队中也有他们的工作。在他们证明自己有能力完成A类工作之前，不要让他们做A类工作。罗格斯大学（Rutgers University）管理与劳资关系学院（School of Management and Labor Relations）人力资源战略（Human Resource Strategy）教授马克·休斯利（Mark Huselid）指出，对于表现差劲的"C类员工"，"越来越多的企业正在不断提高绩效评估的底线，在表现尚可的员工中挑选留用的人。"难以置信是吗？但是，正如休斯利所指出的那样，"你真的会要一个C类员工在你的（团队）中工作吗？"

"罗伯特·弗里茨谈糟糕业绩背后的严酷现实"(Debriefing Robert Fritz：Telling the Hard Truth About Poor Performance)一文为商务作者劳伦·凯勒·约翰逊(Lauren Keller Johnson)采访罗伯特·弗里茨(Robert Fritz)的访谈录。后者曾和布鲁斯·伯达肯恩(Bruce Bodaken)一起写了《管理的关键时刻——帮助人们提高绩效的关键步骤》(*The Managerial Moment of Truth：The Essential Step in Helping People Improve Performance*)一书。弗里茨在采访中谈了他对员工绩效考核这一难题的思考,给出了一个向业绩糟糕的员工传达反馈意见的四步法:(1)开门见山地指出和绩效表现有关的事实,例如,"这个项目本该在5月23日完成,可是今天已经是5月29日了。"(2)分析导致不良绩效的想法、假设和决策。(3)结合员工自身投入,发展一套行动计划,避免再次发生类似的失误,并且让员工通过电子邮件或者备忘录书面记录他们对于这一计划的同意。(4)创建一套反馈体系,以便追踪进程和发现难点。

这部分的最后一篇文章"身陷'优秀业绩'牢笼"(High-Performance Prison)的作者詹妮佛·麦克法兰(Jennifer McFarland)就经理人在评估和管理优秀员工时遇到的特殊问题给出了多名专家的意见。你可能特别需要通过绩效评估来检查最优秀的员工是否存在过度劳累的状况。对优秀的员工而言,"成功好似毒品,(他们)无法离开成绩生存。"这些人的成就越大,就越容易陷入想要超越自己的焦虑中。经理人要是不自觉地火上浇油,不断加重他们的职责负担,那么这些优秀的员工"会为了完成（任务）而拼命工作到死"。尽管很多人会掩饰由此导致的疲惫,但是最终他们意志力会被消磨。因此,利用绩效评估把这种过度劳累的状况扼杀在萌芽状态就显得尤为重要了。

解读期望的力量

正如许多人力资源专家说过的那样,绩效评估是与下属沟通在下一阶段你期望他们达到的目标的最佳时机。然而,正如这部分文章所指出的那样,只有考虑周全才能有效地传达预期目标。在"美好的期望——良好结果的关键所在?"（Great Expectations：The Key to Great Results?）一文中,劳伦·凯勒·约翰逊（Lauren Keller Johnson）阐述了专家和实干的经理人对加大预期目标力量的建议。预期目标对员工有极大的影响力——但是仅仅定义并宣布你的预期是不够的。你还需要采取以下四种措施。例如,了解员工怎么看待你设定的预期目标,让他们也参与目标设定的过程,因为人们对自己参与设定的目标更有认同感——也更有信心实现它。同样,经理人要发现最能激励员工的不同工作因素（是充满竞争的工作环境,还是封闭的工作环境？抑或是多样化的工作职责，等等）。人们最愿意去实现那些与他们的个人兴趣相符的目标。

在"将来的反馈"（Feedback in the Future Tense）一文中，作者哈尔·普洛特金（Hal Plotkin）认为，经理人只有清楚地表达自己的预期目标，才能把绩效评估从"仅仅关注过去的业绩"转变为"关注将来，作出改变"。普洛特金说，经理人要做的不是批评员工以前犯过的错误，"而是指点员工如何改进。经理人要给员工一个奋斗目标，而不是改正从前的一大堆错误。"这样做的最终目的是什么呢？"让人们精力充沛地扮演好你安排的角色，发展扮演这个角色需要的能力。"除了解释清楚需要员工展现的新行为和新能力，你还要使用绩效评估来测评下属的求变能力，并告诉他们组织很重视员工是否有改变和提高的意愿。"同时也别忘了，不但向员工暗示达到预期目标后的奖励，也要让他们知道达不到预期的后果。"

选择绩效考核指标

判断员工是否表现出色，你需要事先制定绩效指标——当然，员工的绩效指标取决于各人不同的工作职责。销售人员的指标可以包括"每季度新增的客户人数"，而在呼叫中心工作的员工可以通过"回答顾客问题所花费的时间"来考核。

但是,制定指标远比上面所举的例子要复杂。最有效的指标不仅要考虑员工的职责和发展目标,还要考虑公司更高层次的目标。这一部分中的文章将指导你选择正确的员工绩效考核指标。

在"现在该如何思考绩效评估"(How to Think About Performance Measures Now)一文中,洛伦·加里为我们描述了一种叫做平衡计分卡(Balanced Scorecard)的绩效管理工具,这种工具最早由罗伯特·卡普兰(Robert Kaplan)和戴维·诺顿(David Norton)开发。平衡计分卡需要公司先定下必须实现的目标,再实施竞争战略。公司目标大致分为四方面:财务、顾客、内部流程,以及劳动力培训和发展。一旦一个组织定下了高层的目标和战略执行的标准,组织目标就能层层下达到各业务单元和部门。经理人这时就能凭借这些信息来确定员工的个人绩效指标和任务来支持公司的整体目标。例如,"到年底为止,每季度增加10%的新客户"也许就能支持公司层面的"扩张客户群"这一目标。那么我们从中学到了什么呢?在为员工制定绩效指标之前,你先要了解公司的总体目标。

"用测评来提高团队绩效"(Using Measurement to Boost Your Unit's Performance)一文更深入地探讨了这一问题,阐述了根据公司目标,通过五个步骤定下团队指标的方法。例如,其中一个步骤需要经理人认

理绩效

清哪个考评指标最能体现你所在的团队支持公司整体目标的能力。倘若你身处人力资源部,这指标可能需要包括"找到合适人选所需的平均时间"。倘若你是产品研发人员,这指标也许要包括"产品上市时间"。选出了关键的团队指标,你就能更容易将绩效指标分解为每个员工的个人指标。

"为高绩效做预算"(High-Performance Budgeting)一文则把重点转到团队预算上面,告诉你怎样做预算既能支持公司战略,又能充分调动员工积极性。如果你的下属参与了预算的设置过程,他们会更有动力来达到甚至超过预期目标。预算做得好,能建立起一套具体的目标和预期值,然后你就可以在绩效考核过程中用这套目标来对照员工的实际表现。要想进一步设置部门预算,带动员工工作积极性,可以考虑在预算中列入奖金,发给达到预定目标的员工。倘若你没有权限发放正式的奖金,也可以寻找其他奖励办法替代奖金。即使只是简单地让下属寻找减少开支的途径,或者让他们想办法达到其他一些重要的业务目标也能激励他们赶超预期目标。

这 部分的最后一篇文章是康斯坦丁·冯·霍夫曼(Constantine von Hoffman)写的"指标和启示——评估知识型员工绩效的五个关键"(Of Metrics and Moonbeams: Five Keys to Evaluating the Performance of Knowledge Workers)。他承认,为知识型员工

定绩效指标确实很难。确认一个车间工人有没有制造出足够数量的零部件很容易,但是该怎么去衡量一个产业分析员或市场分析员的绩效好不好呢?冯·霍夫曼给出了五个点子。例如,通过有多少人能分享彼此的想法这一点来评估绩效。一家咨询公司根据咨询业务需求创建了一个"知识账户",员工往里面存入知识后公司会发给相应的积分。另外,经理人会根据员工所在的行业和需要解决的特定问题制定不同的绩效指标。比如说,当"你评估一位咨询师时,要看他在某个行业里的人脉广度和深度,而评估分析员则要求他尽量保持客观的态度,不能因为某些人际关系而戴上有色眼镜"。

让 360 度反馈评价法产生价值

如果你已经决定在员工绩效考核中引入 360 度反馈评价法,那么怎样才能让这一备受争议的考核工具发挥最大的作用呢?这一部分的两篇文章或许能开阔你的思路。爱德华·普鲁伊特(Edward Prewitt)在"该不该用 360 度反馈评价法考评绩效?"(Should You Use 360°Feedback for Performance Reviews?)一文里给出了专家们对使用该工具进行正式考评的一些建议。这些建议包括,一开始只把该方法作为员工发展和成长的

内部工具,然后再把它同正式绩效考评联系起来。另一个办法是阐明使用360度反馈评价法背后的动机——究竟是想要创建更开放的公司文化呢,还是想加强公司的绩效考核系统。同时,经理人必须保证使用该工具的人接受过相关培训,能够处理一些如公司机密、分析收集来的数据这样的问题。

"打分游戏——改进360度反馈评价法以提高绩效"(The Rating Game: Retooling 360s for Better Performance)的作者劳伦·凯勒·约翰逊和我们分享了其他一些专家和实干的经理人对这一工具的作用所作的思考,以及防止其隐患的方式方法。很多经理人都认为,成功使用360度反馈评价法的关键在于信任和坦诚。要建立信任和坦诚的部门文化,就要想办法改变你和员工的交流方式。经理人不该逃避痛苦的谈话,不要对员工隐瞒部门业绩不良的信息,要诚实地公开信息,开诚布公地告诉员工你的要求。因为员工不了解业务状况,就不会想到提高业绩。此外,经理人也可以考虑让评分的人在所打分数后面加上定性的评语,解释他们给分的理由。定性的评语可以使反馈更个性化,从而帮助受评人理解得到该分数的原因。

在你阅读这本书的同时,请思考如何把书中的建议和技巧转化为你自己的绩效评估方法。比如说:

- 检查你现在评估员工表现所用的流程。

这种流程在多大程度上符合本书第一部分描述的高效流程标准？例如，你定期和员工讨论绩效问题，还是一年只谈一次？你是否把建设性的反馈和公司目标联系在一起？有没有明确每位下属的工作职责？

- 绩效考核要面对优秀员工、一般员工和差劲员工各自带来的挑战，你准备怎样为这三类员工定制相应的考核标准？

- 你会不会利用绩效评估把下一阶段的工作传达给员工？会不会倾听员工对你设定的预期目标的反馈？会不会把新目标和公司不断调整的整体目标联系起来？

- 你为每一位员工设定的绩效指标是什么？怎样确保每个指标适合对应的工作？怎样确保员工指标能配合团队目标和公司的目标？

- 你现在将360度反馈评价法作为公司绩效考核流程的一部分在使用吗？你从中得到了什么好处？你在使用过程中遇到过什么难题？你准备怎样解决这些难题，并强化得到的好处？

第一部分

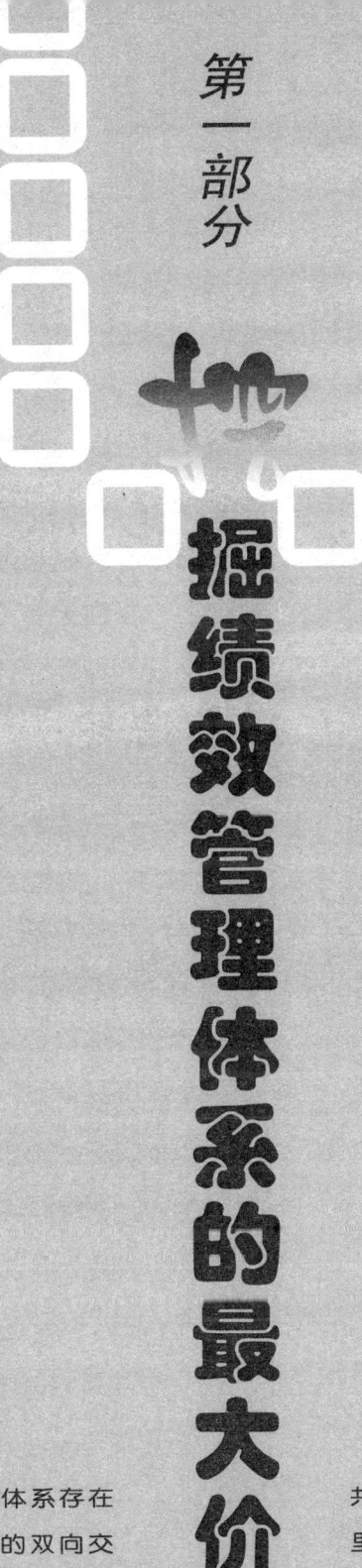

挖掘绩效管理体系的最大价值

高效的绩效考核体系存在某些共性,例如,持续的双向交流反馈;经理人给员工做常规技能培训;关于职业发展的谈话和薪酬决策分开;绩效目标和公司愿景有明确的联系,等等。

关于高效的绩效考核体系所具有的共性,你能从这一部分的文章里学到更多,并找到属于自己的能够体现这些共性的考核方法。这部分文章的最后附有列表,能用来进一步评估你的考核方法是否有效,并且在需要的情况下用来修改你的考核方法。

1. 绩效考核已死,绩效管理长存!

蒙奇·J.威廉姆斯

1. 绩效考核已死，绩效管理长存！

蒙奇·J. 威廉姆斯

除了收到自己的绩效考核评估外，经理人生涯中最可怕的时刻无疑要数给下属做绩效考评了。绩效考评最糟之处在于这不过是一份上司发给下属的报告卡，判定下属的职业能力是否合格。绩效考核这道菜不管加了多少调料来掩饰，盘底免不了图穷匕见："这就是你做错的地方。"只有最冷酷无情的人才能享受为会议桌那一头惴惴不安的食客端上这道"大餐"的过程。

让我们再来看看另一个常见的场景：每个受考核的员工都要做长达数小时的准备工作，填写成堆的文件，最终堆砌成一系列僵硬呆板的措施，对最大的潜在威胁只字不提，每个人的评价都不错，有价值的事情却一件都没做到。这种场面更像是电影《奇爱博士》（*Dr. Strangelove*）或《22条军规》（*Catch-22*）中出现的镜头，而不应该出现在一家管理完善、向着新纪元迈进的企业里。

企业对待员工的方式在进步，管理学专家不可避免地会发现传统绩效考核的不足之处。正如大约10年前他们开始做的那样。执行官们难以获得成效，咨询师们无法帮助执行官，他们终于看到了我们好几年前就了解到的事实：光靠老式的绩效考核方式既对员工个人没有帮助，也无法有效地帮助企业达到目标。

在某些公司里，例如，人事决策国际公司（Personnel Decisions International，一家人力资源咨询、培训企业）和美国智睿咨询有限公司（Development Directions International，一家咨询、培训公司）里的专家们，以及越来越多的人事专员和执行官认识到绩效考核和单向反馈已经落伍了，这已经成为基于工业管理系统的残骸，其效率早已因全新的竞争目标和不断变化的期望值而过时。

所以，忘记绩效考核吧，允许我向大家介绍一个创新方法——绩效管理，请大家考虑一下。绩效考核基本上只是一种一次性的单向沟通的报告卡，而绩效管理却是双向交流的、贯穿全年的观察、交谈、思考、计划和指导的过程。专家们称赞说，通过绩效管理而非绩效考核，公司能够提高员工业绩——从而提高公司业绩——还能为经理人节省下许多时间和精力。已经尝试过这一新体系的经理人也都同意这种说法。

绩效管理之理论篇

尽管员工业绩考核在绩效管理中仍然占据着举足轻重的位置，这种考核中带有伴随着一个被专家称之为授权的过程，而非仅仅是停留在思想层面的一种评估。绩效管理把业绩考核整合进双向反馈、员工发展和目标设定。人力资源和薪酬专家多年来试图把评估高级执行人员的工资与公司业绩挂钩，而最新的绩效管理则把全体员工的考核、发展和目标设定与公司财务和战略目标相挂钩。

最重要的一点是越来越多的公司所采用的这套新体系能在多大程度上操控员工的行为。在一套先进的体系里，公司不光谈一些顾客满意度或市场领导力之类的远景目标或战略目标，他们定义能体现这些目标的具体行为，与员工进行沟通，并以此评估他们的绩效和那些数字化的目标的实现情况。

在这些绩效管理体系内，考核不是终点，而是起点。经理人和员工一起去发现技能上的不足，确认公司要求员工在未来几年中掌握的新技能。在此基础上，员工能就发展和训练自己掌握所需行为的能力制订出相应的计划。

绩效管理之实践篇

The Limited 是一家年销售额达 100 亿美元的零售企业,旗下拥有 14 家零售业公司和五个非零售业部门。两年前,The Limited 废除了原来只看达标数量的考核方式,转而采用了全新的绩效管理方法。组织和领导力发展部副总裁鲍勃·迈尔斯(Bob Myers)认为,The Limited 当时正处于关键转折点,无法保证经理人所发展的技能是能帮助公司面对当下和日后挑战所需的。作为一个长期以来下放权力给各个操作单元的组织,The Limited 当时进入了一个巩固阶段,经理人要为拓展公司目标而作的贡献负更大的责任。然而公司并不想牺牲已成为其制胜法宝的企业家精神。

The Limited 与人事决策国际公司合作,明确了 19 个它希望经理人展示的竞争力,其中包括战略性思考、计划和执行力。迈尔斯认为,在这样一个体系中,经理人按上述 19 个方向所取得的进步来接受考核,由此得到的结果是个人业绩的提高。原因很简单:"人们的目标明确了,业绩自然就上去了。"

位于南卡罗来纳州(South Carolina)的格林威尔医疗系统(Greenville Hospital System)公司两年前由智睿咨询有限公司设计新建了一套整合性的绩效管理

体系。那儿的经理人也看到了相似的结果。为了能够像该地区的医院一样控制成本,格林威尔医疗系统废除了绩效考核流程,换上了一套对于考核各个方面都作了详细说明的体系。考核的各个方面也就是公司认为能够有助于其目标实现的特定的员工行为。

除了控制成本,公司目标还包括高质量的客户服务、协作和主动性。特定的行为会根据它和公司战略目标的联系密切程度而有不同的权重。这个新体系还有一个可能会让淹没在各类文件报告和电子邮件中的经理人大感兴趣的特点:是员工自己而不是经理人来记录和报告这些被要求的行为的绩效。

医院系统物资管理执行经理杰克·麦考利(Jack Macauley)认为,将绩效考核、员工个人目标和机构目标联系起来更容易做到成本控制。"要控制成本,采购员必须和药剂师合作,反之亦然。没有人能单独完成这项任务。绩效管理把每一位员工引向跨部门合作和团队努力。"

关键应用:谈话

的确,想要影响员工绩效,经理人没必要一直依靠复杂的公司体系。最有效的绩效管理方式建立在长期存在的实践基础上。这些实践活动过去一直被证明是有效的,尽管其有效性不是很明显。现在所要做的其实很简单,就是把这些实践推向深入。最重要的是,这些新的方式方法提供了具体的措施来对付绩效管理中最基础、最困难,也是最关键的部分——如何同员工谈话。

时刻铭记:谈话时机最重要

绩效管理中关键的"如何做"其实取决于"何时做"。绩效专家长期以来使用的词汇叫做"持续谈话"。新的绩效管理体系的拥护者建议经理人在一年内和每位员工进行三次到四次与业绩相关的谈话。至少,对绩效的考核(即总结对已经明确的、可考核的目标所取得的进步)应该出现在每一次谈话里。而不应该一年一次,累积在一次会谈中完成。

持续反馈让员工有机会在前进中不断调整自身行为。人力资源咨询公司Catalyst Systems的负责人简·申克(Jane Schenck)主张:"员工要像导航导弹那样开展工作,因此必须不断调整弹道。"People天然气(People Natural Gas)操作部副总裁托马斯·韦斯特(Thomas Wester)说:"在我们公司,绩效考核不是一个单列的项目,它既不独立,也不受限于公司要求的正式流程。真正的考核一直在进行。"

绩效考核已死，绩效管理长存！

传达你的期望值

韦斯特注意到："缺乏沟通意味着员工必须自行填补期望值这块空白。"但是，合理地期望员工成为成熟的团队一员和奢望员工懂得读心术之间存在很大的距离。因此，他认为："上司的职责是传达他的期望值，并说明如此期望的原因。"

在这方面，反馈和沟通有很大的差别。绝大多数情况下，反馈都被当成单向填鸭式的数据垃圾堆，容易让员工产生抵触心理。人事决策国际公司的戴维·彼得森（David Peterson）说："反馈所传达的是关于过去的业绩，通常不包括对未来的期望值。因此反馈对规划将来没有帮助。"

沟通期望值对于那些工作职责有所变化的人来说尤为重要和有效。例如，一位生产部经理升任总经理一职，你就可以对他说："我们知道你是一位了不起的团队领导人。但是，现在我们需要你来引导整个企业的发展——关注整个财务状况，思考可能的利润来源。"

正面反馈是必要的回报

工业心理学家（以及婚姻专家）认为，当批评和表

025

扬的比例是1:3的时候,人们能将批评处理得最好。

将过去的绩效和未来目标联系起来评价

员工无法改变已经发生的事情。但是他们可以改变今后要做的事。因此,经理人在和员工谈话时最有效的态度是注重将来可能采取的有建设性的行动。"如果我们没有达成目标,那么让我们来找找原因。是不是因为这个目标不切实际?是不是员工缺乏某种技能?那么我们可不可以把它放到来年的培训计划里?"

放下老板架子

放下老板架子,想着自己是个教练。注意到上文例子里用的"我们"了吗?彼得森认为,保证员工不抵制、不反抗你所给出的评价的最佳方式就是推行伙伴关系,让培训无形中融入经理人和员工的关系里。

人事决策国际公司的咨询师训练经理人对"最佳培训时刻"保持敏感。让经理人有机会向员工传递他们的人生智慧。

当然,绩效管理不仅仅是谈话,还包括经理人的态度和立场。韦斯特认为,就"伙伴"这点而言,绩效管理是构成经理人和下属关系的基本元素之一。他说:"绩效管理如同体育训练一样,是一门艺术。"

关注行为，而非性格

假设你有一位下属名叫萨利（Sally），她是个机械天才，但是她总对自己的地位感到不安，老是想要昭示天下她比同事更聪明，高人一等。在最近的一次会议中，她打断了乔（Joe）的发言，纠正了他的错误。

> 留意那些可以用来指导员工的瞬间，那些小事情为经理人提供了一个让员工获得提高的机会。

在会议后的"第一个"最佳培训时刻里，经理人能够让萨利意识到要站在别人的立场上考虑问题。萨利的经理不能只注意的她的可憎、傲慢、令人厌恶的行为，或者彻底回避她，而是应该直接问她："你有没有意识到自己打断了乔的发言？"

帮助员工注意一个行为所产生的正面或负面结果

持续反馈包括：当员工的行为能帮助公司达到商业目的时肯定他们的行为。因此，经理人就要这样对员工说："你安排让客户免费把货退回公司的做法体现了你的工作主动性。"

在萨利的公司,经理人可以接着问她:"你觉得乔和其他人会怎么想?"经理人发现员工都讨厌像萨利这种好像什么都懂的人,继续这样下去,她会发现自己不管在哪里都很难获得晋升机会。

智睿咨询有限公司的咨询师把这称之为:"反馈和具体事例相结合",然而韦斯特却说这不过是常识,"每个人的世界观都不一样。"所以,经理人要想办法掌握员工的观点。韦斯特可以继续同萨利谈下去,问问她的职业发展目标,询问她希望同事怎样看待她。她回答说:"我想成为这一行的专家。""很好,"韦斯特答道,"我想你已经在往这方面努力了。但是我有个问题要问你,'你准备为此付出多大的代价?'"

职业发展谈话和薪酬谈话分离

有两种谈话,一种向前看,一种往后回顾。一种讨论为公司将来创造价值,一种则讨论公司当下的价值。"这两种谈话都有太多的学问,"The Limited 的鲍勃·迈尔斯说。此外,员工很难在想着提升空间或填补空缺职位时把注意力集中到第二年的发展目标上来。

在绩效谈话中自省并摒弃偏见

韦斯特喜欢和员工聊聊小道消息,奇闻轶事,其中

最有启发性的当属关于他自己的趣事。一次他和一位员工在业绩谈话中提到了他对这名员工的期望值。韦斯特说:"那名员工暗示我定的标准高了一点儿。我用上司都会说的那句话回答他,'我让你做的,我也都能做到。'而他立刻说,'没错,但是你每天都累得要死。'"

韦斯特从交流中学习,用他对员工的标准挑战自己。"业绩期望值必须要基于公司业务需要和工作职责范围。"

经理人该做些什么?

公司能够达到目标,靠的不是钻研业绩数字,而是研究做出如此业绩的人。那就意味着经理人要比以往任何时候更接近他的下属,并为每个人的业绩表现承担更大的责任。

假如你曾就读的管理学院鼓励你杀鸡用牛刀,靠蛮干来管理员工,你可能会觉得上述建议不容易做到。但世界上再没有别的方法能把商业目标转化为理想的员工行为——即经理人的核心工作。而且作为经理人,我们完成目标离不开团队,所以我们必须学习和员工的相处之道,尽一切力量帮助员工做正确的事,而且,我们要热爱所做的一切。

2. 绩效考核的必要性

2. 绩效考核的必要性

  绝大多数公司中，绩效评估如同做牙科手术一样流行。你可能以为废除这些总结，经理人和员工都能长舒一口气。但是，废除后会发生什么情况呢？激励、奖金分级，甚至绩效本身，所有这些回顾性的东西到底是起激励作用还是起告知作用呢？

  这场辩论已经在人力资源部和执行官圈子里默默进行了很多年。一方面，公司迫切地想彻底废除绩效评估，因为人们害怕和厌恶这些东西。他们不断地拖延、敷衍、弄虚作假，把这视为不得不做的苦差，而不是有用的东西。此外，评论家强烈地认为这种绩效评估无法完成它应有的使命，只会降低员工士气。

  另一方面则是一些枝节上的问题。如果不要求经理人对员工的绩效进行总结回顾，他们就完全不会去做这件事。这样会影响员工的士气和个人技能的提高，业绩下降，公司找不到提高薪酬的依据。而如果公司必须解雇哪一位员工，也找不到书面记录来支持自己的做法。

解决方法是什么呢？有些公司已经废除了年度总结。但是走到这一步很不容易。经理人必须改变一些根本的假定，从而真正做出良好的业绩，而公司必须从反馈到薪酬等各方面同员工进行合作。

对绩效评估不利的事例

要是绩效考核不那么困难重重的话，就不会有人提出要废除考核。这个问题的一部分是因为无论员工还是经理人都恨透了这个流程，想尽一切办法弄虚作假。即使在最好的情况下，总结也不见得能达到目的。以下仅是部分批评者的意见：

经理人不能精确地评估员工的业绩

每个人都能一眼看出谁是明星员工，谁是超级懒鬼。但是怎样才能精确地评估 10 个、20 个，甚至更多业绩处于中游的下属呢？而且这些人的工作表现极有可能受到他们所接受的培训、现有工具和工作环境的限制。经理人不管怎样打分都会因为自己的性格、私人感情和不全面的记忆而影响到评估结果的公正性。

正式的评估只会抑制而非提高员工士气

如果绩效评估给每个人的评分都很高,那么人们就不会认真地对待它。为了防止这种打分,很多公司要求经理人的打分必须有高有低,并据此决定奖金的高低。这样公司就有另外一个问题了:得最低分和最高分的人在表现和业绩上并没什么区别,无疑每个人都会觉得委屈了得低分的人。《废除绩效评估——为什么会事与愿违?又该做什么来代替呢?》(Abolishing Performance Appraisal:Why They Backfire and What to Do Instead)一书的作者汤姆·科恩斯(Tom Coens)和玛丽·詹金斯(Mary Jenkins)说:"在30分钟的会议里,经理人能把一个原本精力充沛、忠心耿耿的员工变为意志消沉、冷眼旁观的局外人,他在周末就翻阅招聘广告,一心想着另谋高就。"

绩效评估不会提高公司业绩

绩效评估检查员工做了什么,理论上能了解如何激励员工做到更好。但是个人业绩很少能提高公司业绩。《总体质量和绩效考核二者择其一》(Total Quality Versus Performance Appraisal,Choose One)的作者彼得·R.斯科尔特斯(Peter R. Scholtes)认为:"提高业绩遇到的最大问题和最大机遇都在于公司的体系和流程，而不在于员工个人和团体。"斯科尔特斯是威廉·爱德华兹·戴明（W. Edwards Deming）的拥趸，他站在声讨年度考核的先锋队里，认为绝大多数人希望好好工作，却受困于设计差劲的工作环境体系而无法大展身手。他认为需要调整的不是个人，而是整个体系，应该通过整个团队和业务单元的工作而不是个人工作成效来考核业绩。

多年来，公司一直在胡乱使用总结流程。例如，让员工自己设定绩效目标，再依据这样的目标考核员工业绩。评论家汤姆·科恩斯和玛丽·詹金斯等对这种做法深表怀疑。要是员工没有达到目标，错的是他们，还是他们的工作体系阻碍了他们的工作？要是人们达到了自己设定的目标，代价是不是对其他目标的牺牲？他们是不是盲目地根据自己六个月前做下的决定行事而不能随时修改计划、与时俱进？

解决之道：解除束缚

让绩效评估保持生机面临着希望和绝望的两难选择：因为总结能在某种程度上排除万难完成目标从而令人充满希望，又因为使用其他方法达到目标的困难程度而令人绝望。不过有些公司已经根据评论家的推荐，解除了对总结功能的束缚，为达到理想目标创造了独立的方法。以下是这一方法的一些例子：

反馈

总结的目的就是提供反馈，让员工从错误中吸取教训，提高实力。这个目的是切实的，然而手段却是错误的。反馈一年只有一次到两次，由上级（或人事部门）组织，关注点全在员工身上，反馈结果会记入人事档案，很可能与升迁直接相关。这种体系让员工有足够的理由做足表面功夫，让仁慈的经理人忽略掉他们犯下的错误。

废除绩效评估的公司使用不同的方法进行反馈。SAS软件研究所（SAS Institute）鼓励各部门制定自己的反馈流程，但是员工和经理人至少一个月进行一次交流。人事经理安妮特·霍尔诗（Annette Holesh）说，在这一过程中，没有打分。除非员工自己要求，谈话也不会记入人事档案。而惠顿芳济会服务公司（Wheaton Franciscan Services，一家从事医疗和收容的企业）的高级副总裁鲍勃·斯特里克兰（Bob Strickland）告诉我们，他们的反馈将关注"员工和工作体系之间的关系"。反馈环节的目的不是去评估员工的表现，而是让经理人和员工"发现能有所改进的地方，并就这些改进制订相应的计划"。

奖励

在很多公司,绩效评估不仅是决定晋升的基础,也提供了和员工交流的平台。其实这不是一件好事:如果与钱有关的问题出现在了议程上,那么其他事情的重要性势必会下降。把考核和奖励挂钩会产生更严重的问题,考核和奖励两者可能根本就没关系,没必要联系起来。一位人事专家最近在《国家商务》(Nation's Business)杂志上撰文指出:"如果绩效评估是决定工资的基础,同时薪水的提高受到严格限制,那么这家公司的绩效评估不会好到哪里去。"

戴明的拥趸和其他人对绩效评估的批评也包含了对奖励本身所持有的反对意见。因此很多取消了绩效评估的公司也出台了不同的流程来决定升迁。通用汽车(General Motor)的动力系统部门在薪酬允许范围内会根据员工经验确定加薪。还有一些企业把晋升机会给予那些掌握了特定新技能的员工。SAS软件研究所尽管有奖励,但是整个流程已经完全脱离了反馈的体系。

法律保护

绩效评估为员工表现提供了书面档案。当公司必须开除某一员工时，理论上这些记录能保护公司免受司法诉讼，但实际上，专家认为过于宽泛的绩效考核体系根本达不到这个目的。总结太少，而且使用的语言又常常模棱两可，很多公司的记录甚至前后不一致。在法庭上，这样的记录很容易就能被经验老到的律师抓到把柄。

好一点的办法是为极少数有可能被开除的员工制定一套评估体系。斯考尔特斯希望绩效考核能"作为一种暂时的介入手段，用来考核业绩异常糟糕的员工，去除考核目标中与短期目标相关的任何有可能含糊不清的地方"。

废除绩效评估所引发的问题还有很多。公司必须有别的办法选出晋升者。必须确定员工的发展需求，确保能鼓励员工从技能培训中受益。这些方法都显示出废除绩效评估是一项有难度的工作。

这么做值得吗？很多公司认为不值得。不过有些公司发现废除绩效评估迫使它们思考一些一直以来想当然的管理手段。他们也可能发现这样做减少了工作量，因为经理人和员工都更喜欢新方法。

3. 让绩效考核多一些成就,少一点痛苦

彼得·L.艾伦

3. 让绩效考核多一些成就,少一点痛苦

彼得·L.艾伦

除了解雇员工,经理人最痛恨的是什么工作?如果你的回答是"绩效考核",那么你可以从《绩效考核问答——经理人生存手册》(The Performance Appraisal Quesiton and Answer Book: A Survival Guide for Managers)一书中得到一些启示。该书作者迪克·格罗特(Dick Grote)曾是通用电气和百事可乐的经理,也是全美最棒的绩效考核专家之一。尽管这本实用手册不会让你满心期待年度会议的下一个议程,但是它一定能让你对整个流程的管理更有效率,并且不会在讨论中产生"还不如去做牙科手术"这样的想法。

正确的绩效评估能成为经理人工作锦囊中最有价值的道具。格罗特认为:"没有其他任何管理流程能像绩效评估一样,对员工的职业生涯和工作产生如此巨大的影响。"让我们来看看这些好处。从最实用的层面上来讲,经理人只要在细致的考核流程上花个几小时就能换来下属一整年工作表现的提高。再宽泛一点,

高效的评估流程是一流人力资源战略的组成部分,能够帮助顶尖公司在商战中制胜。其实,在1999年由美国生产率与质量中心(the American Productivity & Quality Center)和Linkage Inc.展开的调查中很多当选"最佳绩效评估公司"的公司不愿透露它们的评估手段,因为那是公司竞争战略的关键部分。一名人事副总裁这样说:"就像可口可乐公司不会让人到公司里偷看可乐配方一样,我们是不会把自己的考核表给外人看的。"

绩效考核三要素

成功的绩效考核流程取决于几个根本因素:时间、明确的工作定位以及一致性。

第一个要素是时间。绩效考核时间应该以年为单位,而不是以天为单位。经理人每年至少给员工开两次正式会议——年初一次,提出年度工作计划;年末一次,总结一年工作。同时,他建议经理人在一年中每天都应该为员工进行辅导。

经理人还应该有规律地记录员工的表现。为什么要这么做呢?因为经理人不是机器人,不可能记住所有的事。很多经理人直到年末快要考核的时候才着手准备评估工作。人总是对刚发生的事记得最清楚,又总是倾向于记住坏事。于是12月份才开始回顾一年的表现很容易让经理人忘掉员工前11个月的积极表现。(格罗特警告说:"世界上没有'好记性'这种东西。")我们从中学到:要为绩效评估早作准备。

第二个要素是清楚地了解员工的岗位职责:在你和员工都搞不清楚岗位职责的情况下,没办法评估他的绩效表现。格罗特说每个岗位都有五六个重要职责。要是你在一年内的早些时候没有时间了解这几个重点,那么就要在开始评估员工表现前把它们总结出来,再来看员工有没有做好他的工作。

第三个要素是一致性。格罗特提醒读者说,真正有效率的绩效评估流程必须和公司愿景及价值观紧密相连。这个原则看似容易,可是实际上能做到这条的公司就像不带手机的咨询师一样寥寥无几。比如,几年前格罗特组织了一个非正式的调查,对象是很多财富1 000强公司的人力资源主管。

> 格罗特问道:"在座的有多少人能一手拿着绩效考核表,一手拿着公司愿景手册,走到员工面前对他说:'看到没有,绩效考核表上用的字词和愿景手册上是一样的。'能做到这点的人请举手。"

结果,全场600多个人里,只有19个人举起了手。那么你呢?

实质问题

格罗特这一非常实用的问答格式不但注意到大原则，还照顾到小细节。然而，你公司的绩效考核表用语能毫无歧义地让经理人精确评估员工表现吗？我的建议只有一个：只求客观事实，不要主观意见。不要问诸如"员工表现好不好？"这样的问题，而要问"这个员工认真工作的时间占了总工作时间的多少？"问题越客观，回答就越有用，越令人信服。

另一个具有实用价值的建议是把考核分值固定在正确的范围，避免员工对分值期望过高。根据数学规律，绝大多数人的工作表现一般。但是按照人性推断，绝大多数人讨厌把自己评价为"一般"。

如果你的评估表总分为 5 分，别把中间值定为"尚可"，而要把它理解为类似高尔夫比赛中的标准杆数。格罗特提醒我们说："标准杆数可不是中等或尚可……一个职业高尔夫球手常能低于标准杆数完成比赛，但是标准杆数是对行家的要求。"如果达到中间值意味着达到了员工为之骄傲的目标，公司就可以重置偏高一些的期望值，从而得到一个切实的绩效表现分数。

> 要得到最佳表现就要从设计
> 令人满意的工作着手，
> 但是不能止步于此。

格罗特还建议那些监督评估过程的高级人事经理对经理人进行训练，教他们怎样正确填写评估表，并且校准分数，保持组织内打分一致。

《绩效考核问答》一书还针对讨厌的绩效评估会议提出建议。有些建议很简单，然而很多经理人却做不到。勇敢地说出真相，举出具体事例，不要制造惊悚效果。如果你想让别人认真听你的意见，那么除了说还要听。

最后，在准备绩效评估会谈的时候要抓住重点。人们很少能一字不漏地听你说话，尤其在他们局促不安、备受压力的情况下。所以，想要下属听明白你所说的话中的核心内容，你自己先要把它弄清楚。格罗特说：

> "想象一下，几周前你和乔安娜就年度绩效考核谈了一次。今天早上，你看到了她，于是你问她，'嗨，几周前我们谈过考核的事。告诉我，你还记得我们谈什么了吗？'你想让她记住的就是要抓住的核心信息。"

设定并完成目标

绩效考核是帮助管理的工具——仅仅是一种手段，而不是管理的目的。基于这一点，格罗特认为绩效考核流程应该建立在两个原则之上（这两个原则很早以前就由彼得·德鲁克提出了），最优秀的经理人应该帮助下属做两件主要的事：设定目标，达到目标。

道格拉斯·麦格雷戈（Douglas McGregor）早在1957年就在《哈佛商业评论》上扩展了这套理论。用当时的话来说，有效地培养员工就是：

> ……不以胁迫手段（无论那看上去有多仁慈）让他们接受企业目标，也不通过对员工行为的操控来满足组织的需要。而是通过创造一种关系，让员工在这种关系中能为自己的成长负起责任，能为自己制定发展方案，能学会把计划转化为实际行动。

这套理论强调的成就正是绩效考核所要检测的。

在德鲁克和麦格雷戈阐述管理原则的目标后不久，通用电气就学到了它的精髓。通用电气发现，"批评对达到目标具有消极作用，而表扬起到的作用也不大。"通用电气认为，提高绩效的最佳方式是让经理人

和员工都坐下来,根据每一个人的长处制定出具体目标。这个方法比单纯靠高薪、高福利、工作稳定,或者声誉都更有效。为什么这么说呢?因为真正地对工作感到满意,产生并获得成就感说到底都源自工作本身。

  要得到最佳表现就要从设计令人满意的工作着手,但是不能止步于此。你必须找到这些工作岗位的最佳人选;规划员工每天、每周、每年的任务;创造能对员工产生激励的工作环境;以及随时处理各类意料之外的问题。尽管评估已完成工作的质量是很重要的一步,但这仅仅是整个流程中最后一个环节。把所有环节都做对的经理人会发现绩效考核不再令人害怕,而是一种有用的管理工具,帮助他们更好地完成工作——帮助员工做到最好。

4. 成功的绩效考核需要哪些考核指标 —份清单

卡伦·卡尼

4. 成功的绩效考核需要哪些考核指标
——一份清单

卡伦·卡尼

　　有公司不进行绩效考核。各类组织追踪并评估各业务部门、经理人,乃至员工的产出。它们用预定的目标来考量绩效表现,给完成目标的个人或团队发放奖金。

　　但是,成功的考核体系要激励员工完成目标,大幅提高绩效表现。这种体系却很难找到。员工往往不受考核体系的激励,因此这套体系无法影响他们的行为。要是他们因为误打误撞地达到了某个目标而获得奖金,这笔钱也会花得非常随意。

　　怎样增强公司的考核体系呢?用下面的这个问题做个小小的测评吧。

我们的体系始于宏大的愿景，并且每个人都了解这些愿景是什么

任何一个经理人都能给团队或个人布置绩效目标，要是员工不理解这些短期目标和公司愿景之间的联系，那么任何任务都会显得毫无头绪。你的公司或团队有清晰明了的愿景吗？每个人都知道这些愿景吗？

United Ad Label(UAL)是一家知名的医疗器械制造商。在那儿，领头的团队去年组织了一次为期三天的磋商会议，开发了新千年平衡计分卡，上面有公司的整体商业战略和愿景，配以商业流程、市场地位等关键位置的主要目标。并且，单独有一张计分卡列出了每一个职位与绩效相关的各个目标。例如，UAL希望到1999年底，新产品的市场销售额要达到总销售额的百分之几。希望某个新战略能够到位。公司所针对的是销售收入息税前回报率和资本回报率。这些目标张贴在公司各处设备上公示。人事经理瓦莱丽·普尔(Valerie Poole)说："了解公司要完成什么目标可以令各级员工每天都能够在信息更充分的情况下作出决策。"

每个团队都有与公司愿景相联系的绩效驱动器

员工工作怎样和公司愿景联系起来呢？通常各部门需要与公司目标相关联的详细目标。例如，根据某个增长目标和接替职员的历史数据，人事部门应该知道要招多少人，那么就应该根据人事部门能否按时让新人上岗来考核其业绩。

考量软性工作

什么是"软性"指标？软性指标是指对于不易量化的工作进行考核的指标。有效地考核这类软性工作有三个关键点：

1. 让员工参与到制定自己的考核指标过程中来

Zigon 表演队（Zigon Performance Group）的杰克·齐格恩（Jack Zigon）推荐了几种方法。你可以问员工："如果这个团队没有你，有哪些工作会被迫停下来？"列出团队或公司的目标，问员工有哪几个目标会受到他们的影响。让他们好好想想公司内外谁是他们的服务对象，怎么做才能满足自己的服务对象。通过将描述性的术语和行为目标相结合，几乎所有工作都能考评。例如，评估一个IT技术人员，可以看他处理问题时是迅速且友好，还是磨磨蹭蹭。而市场营销团队就要看员工是富有想象力，还是麻木不仁、呆板拘泥。

2. 根据考核指标找出最有资格的考核人

考核人可以是下属、客户、供应商、商业合作伙伴，等等。只要他们能决定被考核者的业绩或行为是否完成、超过或没完成目标。就像跳水或花样滑冰的评委一样，考核人的打分直接判定员工业绩的好坏。

3. 合理结合软、硬考核指标

在麦克默里出版公司（McMurry Publishing），只要业务团队业绩达标，助理们就能拿到丰厚的奖金。然而，他们的基本工资上涨额度却是根据评估结果得来的。每一年，经理人都要熬过一次长达四小时的绩效评估，评估他们在多大程度上体现了麦克默里公司的八大核心价值观（其中包括做对的事，提供快捷的客户服务，永远保证质量，等等），以及他们在指导助理时有没有好好运用这些价值观。评分者被鼓励和至少五个以上同经理人合作密切的人士交谈。之后经理人再给助理打分，分数从1分到5分，视助理对关键操作战略（例如，快速决策、承担责任、追求成长等）的执行情况打分。整个评估过程和相关考核指标在麦克默里的员工手册里都能找到。

在UAL,车间工人要注意缩短生产周期,减少返工产品数量,这两项都会影响到操作工的收入。(工人们说:"我们的确为工作随时改进方法。要是我们第一次没做对或者货运迟了,我们就会被罚钱。")客服部门的员工明白,要达到公司定下的市场份额,他们需要从70%的老客户那里拿到订单。他们为此针对客户满意率、电话回绝率和及时邮寄宣传单等开展各种活动。

个人和工作团队的绩效目标清晰且合理

绩效目标可以用运送的货物、收入或支出的金额、次品率、客户满意度及其他合理的标准来衡量。在某些情况下,针对某些特定工作的目标(例如,同客户开会,接电话铃响不超过两声,等等)也是有用的,只要员工属于为大目标工作团队中的一员就行。甚至那些工作不易量化的员工也应该有可计算的绩效目标。如果目标不合理或不公平,员工当然不会配合。另一方面,你可能希望季度或年度计划有些弹性,万一你的团队超额完成预期目标时就能作调整。

我们对员工进行不间断的教育和指导

以下情形时常发生：公司启用了一套新的绩效考核体系，辅之以大量趣味十足的培训。一年后，老员工早把考核手段忘得差不多了，而新员工则一头雾水，没有方向。因此，在一些大公司里，把工作团队和企业愿景密切相关联这个重要的任务很容易不了了之。阿莫科·卡纳达（Amoco Canada）的领导团队就决定，展示各业务部门的收入表，让工程部、财务部、行政部、运营部等知道自己能控制多少成本，对总体财务目标的各方面能起多大的作用。阿莫科的液体业务部流程协调官弗雷德·普鲁默（Fred Plummer）说："你告诉员工，'看到了吗？交通成本和我们的地区成本相关，而地区成本又和总的运营成本相关。'这样员工才能真正明白一系列数字背后的含义。"而更重要的是，他们明白了如何作出改变。

我们的体系简单明了，直达目标

几乎所有的公司都有很成熟的系统追踪财务表

现，但很少有公司发展出同样成熟的方法对客户满意度、产品上市时间，或其他重要的战略目标的进展实施进行追踪。当然，和员工沟通他们要做的事需要以一种他们能够看得到结果并理解得了这样的结果的方式进行。计分卡是一种很有用的工具，它常出现在办公室墙上或员工的电脑屏幕上。

例如，在 Civco 医疗器械公司（Civco Medical Instruments），主要的计分卡是一段简要的收入声明，说明公司每月和每年与计划相比的实际销售额和开支情况。这些算到未来六个月的数字每周都要进行更新，张贴在公司各处，每个人都看得到。而旁边另一张计分卡详细罗列了销售与营销部门、行政部门、生产部门的各类支出。其他图表则显示了重点指数的走势，比如，客户的历史和预期销售额，国际市场销售情况，工资激励结果，电话销售的成果，等等。

参考阅读

The Balanced Scorecard: Translating Strategy into Action by Robert S. Kaplan and David P. Norton（1996，Harvard Business School Press）

Balanced Scorecard Report, a bimonthly newsletter published by Harvard Business School and The Balanced Scorecard

Collaborative (800-668-6705 or [outside the U. S.] 617-783-7474)

Make Success Measurable: A Mindbook-Workbook for Setting Goals and Taking Action by Douglas K. Smith (1999, John Wiley & Sons)

第二部分

别对待不同员工

很多经理人发现,要辨认出谁是真正的明星员工,谁是超级懒鬼不难,难的是怎么保证能够精确地衡量 10 个、20 个,或者更多业绩处于中游水平的下属的贡献,而且这些人的表现很可能已经在现有培训、工具和工作环境允许的条件下做到了最好。

为优秀员工、一般员工和差劲员工设计不同的绩效考核内容是十分重要的。那么怎样才能做到这一点呢?接下来的几篇文章将提供有用的指导,帮助你挖掘优秀员工的能力,把一般员工的业绩提高一个层次并指出他们工作上的不足。

1. 怎样从绩效考核中得到最好的结果

迈克尔·E. 哈特斯利

1. 怎样从绩效考核中得到最好的结果

迈克尔·E.哈特斯利

现在是周二上午,你正面临着除了解雇员工外最让经理人头痛的任务——为你领导的团队作年度绩效考核,并且必须在下午五点前完成。而更糟糕的是,第一个来谈话的员工是个"问题员工"。他一点团队精神也没有,脾气又坏,但是却拥有非凡创意,创意却又恰恰对这个部门获得成功十分重要。那么你该怎么和他谈话来帮助他改进呢?

大多数组织都要求阶段性的考核,并或多或少地强行规定考核的形式。这样的流程通常要求经理人把坏消息传达给同事甚至朋友。依据研究、经验和常识得来的规则行事有助于保证绩效考核真正带来好的绩效。

经理人要记住,员工的业绩好坏不仅和智力水平或培训有关,它还和各人的性格有关。没有哪一条规则能控制人类本能的行为和关系。但是优秀的经理人能在布置任务时考虑到员工的性格因素:什么样的人适合做什么样的工作,哪些员工在一起工作能合作愉快。这可不是所有经理都能办到的。

> *良好的绩效考核是一个持续的过程而非一次性的活动。*

同样,在准备绩效考核时,要看看这个员工和公司愿景的契合程度。这是个很好的机会,能让经理人好好考虑人才部署大局:有没有让合适的人干合适的工作。也许一个绩效考核不佳的员工在另一个岗位上能做得很好。你该问问自己:他还有没有提高能力的空间?这份工作适不适合他?有没有机会重新分配工作,让每个人都充满工作积极性?这个人是不是在合适的岗位上做到了最好,而我也可以放手不管了?

不同公司,不同处理方式

普里西拉·金(Priscilla King)是通用汽车信息系统和服务中心的人力资源主管。她给了我们一些建议。首先,她指出了较传统的企业和较扁平的企业之间的差别。较传统的企业帮助员工适应企业的要求。而较扁平的企业则只看结果,每年直接解雇10%考核结果最差的人。前者的人事部在"让合适的人做合适的事"

上发挥了重要作用。而在后者,经理人则不得不孤军奋战。

在通用汽车公司,绩效考核每年进行一次。评估者的工作从填写表格开始。首先,他们要明确各员工的工作目标,着重强调上司怎样帮助员工获得提高。然后他们要看发展性的目标,包括培训、新任务、新项目和职业规划。这项考核包括了评估员工在多大程度上达到了上次考核时制定的目标。

金相信,积极主动的人力资源部门或其他相应部门对于让员工发挥最佳工作水平起着至关重要的作用。通用汽车人力资源部对评估者和受评者都持"开放政策"。有时候一个上级会到人事部门那儿说:"我这儿有个很有天赋的员工,但他到别的部门应该会做得更好。"于是人事部门、上级和那位员工就会一起商量哪个岗位更适合他,尽管这件事完全应该由员工自己负责。而有时候员工不认同考核结果,于是人事部门就会和考核双方分别沟通,在彻底搞清评估始末后给出一个双方都能接受的结果。

金给我们的建议是:"沟通,沟通,再沟通。你永远不会沟通过度。"

没有人真的愿意知道真相

罗伯特·肯特(Robert Kent)在哈佛商学院讲授管理沟通课程,他采用更加积极的绩效考核方法。他引用了小说家萨默塞特·毛姆(Somerset Maugham)的一句话:"人们都问你要批评意见,但其实他们真正想听的只有好话。"肯特建议经理人带着下列问题进入会谈:

- 你在这儿快乐吗?
- 你还想留在这儿吗?
- 你真的努力工作了吗?
- 你是否有足够的业余时间?
- 你对工资满意吗?
- 你想得到提升吗?
- 你欣赏你的同事们吗?
- 你觉得你的同事们欣赏你吗?

肯特建议说,要是组织政策允许的话,经理人可以向员工询问以上几个问题,然后给他们一周时间好好想想,之后再继续谈下去。

来自布朗咨询集团(Braun Consulting Group)的鲍勃·布朗(Bob Braun)认为,公司应该终止已经僵化或没有具体记录的评估。他的理由是:"过于宽松的评

估反过来会困扰员工。"

> 绩效评估中出现任何
> 情况都不必惊讶。

布朗建议考核最好从自我评估开始。这样做有三个理由。首先，员工常常会列出绩效问题，这样经理人对他们的指导就像是教练而不是监工。其次，这个方法有助于了解上级和下属对业绩的不同看法。最后，布朗说："在准备文件上时间花得最多的人不是上级，而是员工。"他强调，每一次考核都要落实到具体的行动计划上。他还建议让经理人的上级察看最终的考核结果，从而考察经理人的考核技能。布朗总结道："评估流程的目标应该是提高每位员工的总体表现。不要大谈失败后的惩罚，而要说说成功后的奖励。"

开展良好绩效考核的规则

准备考核从评估员工工作潜力开始。一个普通员工可能工作十分努力，乐于与人合作。而一个才华横溢的员工则可能是一个难以对付的懒鬼。

绩效评估中出现任何情况都不必惊讶。良好的绩效考核是一个持续的过程而非一次性的活动。有效的反馈一定要有持续性——"你的陈述很棒","我觉得你在今天的会议上态度不是很友好",或者"你看上去对这件事灰心丧气啊,我们谈谈吧"。没有很多的意外可能是成功的绩效考核中最重要的一个因素。

经理人能倚靠的不是小道消息,而是直接观察和客观的数据。有时候有必要说一些诸如"每个和你合作过的人都提到了同样的问题"这样的话。

你可以用个人资源解决所发现的问题。当然,培训、发展建议、工作定位等方面的资源在各个组织里差别很大。不把单个员工挑出来当做问题处理的持续资源十分有用。这样的持续资源包括技能培训或交际培训。有时候员工需要的帮助不在公司内部,而是来自社区学校,甚至婚姻顾问。但是,除非你已决定要解雇这名员工,不然应该准备好随时证明你已经尽力做了一切能做的。

针对差劲员工、一般员工和优秀员工,你可以用三种不同的方式进行绩效考核谈话。

对待差劲员工

这是最艰难的情况。要是你能把握好这种绩效考评,那么其他的考评就容易多了。要是员工表现不好,你应该直接告诉他,但是要为他留下提高能力的一线希望。如果能够弥补错误，尽可能详细地告诉员工哪里做错了。如果下次必须要解雇这个员工，你现在就要定下客观的标准。

避免陷入"你不也一样"这种情况。下属面对指责时常会反映评估者或其他同事也犯过同样的错。别和他争论，而是指出你也会面临考核，但是现在受考核的不是别人而是他。

准备好可能会出现的上诉流程。如果公司有人事部的话，可以在考评前征求他们的建议。

尽可能缓和考核气氛。坚持清楚的绩效标准而不要攻击下属的人格，那不是说改就能改的。

面对一般员工

所有组织都依赖于稳定的一般员工。不是每个人都能成为明星员工的。询问你自己下面几个问题：

这个人还有没有提高能力的空间？他的能力是不是已经到头了？要是这个员工做得不够好，告诉他提高表现的途径和提高后的奖励。要是他已经尽了最大的努力并且表现尚可，那么或许最好的办法就是不要提高对他的要求，和颜悦色地和他谈话。

员工的自我期许是否切合实际？有时候，你的下属会对自己的表现和前程怀有过高而不切实际的评价和期望。有时候他们相信自己的头衔能自动给他们带来权威或声望。如果你发现谁的想法过了头,那么在肯定他的贡献的同时也要指出他的妄想。

你要好好注意员工的请求。有时候他们真的在生活上遇到了紧急情况,比如家庭成员病了,等等。这些情况是应该得到谅解的。但是如果员工习惯用这些非工作因素作为自己表现不好的借口,那么评估者就应该温和地指出这一点。

认可优秀员工的表现

——细数优秀员工所作的贡献,这样更能强调他们优异的表现。和优秀员工交谈,你要试着和他们建立伙伴关系。和他们谈谈你正遇到的问题,让他们也参与进来一起解决问题。

对优秀业绩的奖励要事先说清楚。让员工了解你对他们的重视和全力支持。通常包括谈谈他们的职业规划,给出建议和支持。

好好想想可以给这些员工什么新的挑战。以这次谈话为契机,引导他们思考如何更有效地为组织作贡献。

最后的思考

周二要进行的谈话,别拖到当天早上才开始准备。让你的下属做出成绩来是对你自己最好的评估。每一次谈话都要精心设计,确保你领导的团队能做到最好。

2. 影响工作结果的绩效管理

洛伦·加里

2. 影响工作结果的绩效管理

洛伦·加里

惠好公司（Weyerhaeuser）自20世纪90年代末期开始着手一项运动，旨在通过一系列技能的掌握成为纸制品和木材行业的市场老大。威拉米特工业公司（Willamette Industries）开展了这项运动，然而，2002年位于西雅图费多威（Federal Way）分公司的执行官对企业文化作了一次评估，结果发现他们犯了一个错误：他们没有很好地让领导人负起责任，追求更富有竞争力的绩效。

战略性劳动力创新和变动部门总监约翰·胡珀（John Hooper）说："这套绩效管理体系的原则很棒，但是我们没有把这些原则贯彻到经理人的行动中。"

惠好公司的领导人发现组织在应对绩效问题上反应迟钝。胡珀说："80％的公司员工在最近一次绩效考核中得分高于平均值，而且个人绩效打分和薪酬决策之间几乎没有关系。简单而言，我们要把理论付诸实践。"于是，惠好公司给自己布置了一项任务：创建一套绩效管理文化，帮助公司在其主要产品上获得四倍于以往的业绩。

> 只有把一个人放到最适合他的位置上，一个企业才能够真正领先于它的竞争对手。

越来越多的公司像惠好公司那样，要求自己的绩效管理体系可以带来极为显著的商业效果。而它们发现，以一概全的想法是行不通的。

来自美世人力资源咨询公司（Mercer Human Resource Consulting）的科琳·奥尼尔（Colleen O'Neil）和洛里·霍尔辛格（Lori Holsinger）在最近的白皮书里写到，管理员工工作最有力的体系"应该反映一个组织最独特的人力资本信息"。可是，就算再细致地度身定做，系统也不可能自动运转——系统的成功运作有赖于执行官是不是愿意让自己和员工对产出理想的结果负责。

专家认为，卓越的绩效管理要求公司有想法，有管理准则，并且有执行管理的热情。最优秀的经理人会：

- 建立一套精确的体系来区分三类员工：少数极有贡献的员工，大多数表现不错的员工，还有少数不合格的员工。
- 建立评价指标激励员工作出贡献。
- 强化人人有责的企业文化，当目标没有

达到时，经理人要能坦诚相告，或者把金钱奖励和实际表现联系起来。

强调连带贡献

绩效高的组织清楚地区分优秀的表现、一般的表现和差劲的表现。为了决定正确的区分方法（尤其是在之后的操作环节里），高级管理层必须先决定"他们最重视的是什么"，奥尼尔这么说。

比如说，奥尼尔有一个客户是一家金融服务公司，根据自己的企业文化，这家公司认为最重要的不是细分优秀员工的差别，而是找出和纠正不达标的表现。而惠好公司则认为这两样都重要，它既要为顶尖员工分级，也要剔除不合格的员工。

把最优秀的员工放到最重要的岗位上

一旦绩效管理系统的各项目标都确立了，就需要创建一套战略。罗格斯大学（Rutgers University）管理与劳动关系学院人力资源战略教授马克·休斯利（Mark Huselid）称之为"劳动力分级战略"。

他解释说，在一家制药公司里，员工表现杰出的主要驱动力包括严格管理研发时间、高质量的制造流程、优异的销售队伍,以及善于同美国食品和药物管理局(FDA)打交道。

休斯利说:"这些是公司的 A 类工作,是最关键的战略性岗位。"公司应该针对每个 A 类工作制定相关的工作要求、领导力行为准则和取得成功的关键要素。对于销售人员,公司可以要求他们具备与医生面谈的能力,让药剂师每小时开出相关处方的数量也是衡量成功的一个因素。

休斯利还认为,只有让最优秀的员工做 A 类工作才能真正让公司领先于竞争对手。"列出每个 A 类工作需要的工作表现,确保最优秀的员工被安排在这里。一般员工,即那些能满足岗位要求的人,在公司也有一席之地。但是,除非他们证明自己有能力完成 A 类工作,否则不要把他们放在最重要的岗位上。"

了解管理差劲员工的方法

休斯利问:"你真的希望公司里有差劲的员工吗?越来越多的公司直接开除低级员工,即使他们的业绩还不错。"他的观点代表了目前在管理界正激烈辩论的一方观点。

格罗特说,这种分歧从某种意义上来说是不甚清楚两种区分员工表现的方法的结果。

绝对比较法的流程通过将事先设定的目标同期望

值相比较来评估员工表现。这种方法在绩效考核里运用甚广,"根据我们年初订下的目标来看,帕特(Pat)做得怎么样?"绝对比较法的缺陷很明显:只要标准设得过低,任何人都可以超过预期值。

相对比较法就不同了。这种方法通过和其他员工的比较来评估员工表现。正是这种方法让许多经理人感到不舒服。

建立适合公司文化的制度

惠好公司是一家林业产品公司,它为了绩效管理而调整了公司的强制排序体系。惠好公司为员工推荐合适的岗位而不是强行分配工作。胡珀说:"在惠好,领导力绝不是一个只看数字说话的工作,而是应用广博、包罗万象的原则。我们的高级经理人曾说过,'我们应该做出让员工信服的榜样,表现优秀,评估结果和薪酬符合原则。我们不应该依赖绩效管理系统来分配工作。'"

决策的基本准则是获得目标具有弹性的绩效和关键领导力行为的体现。必要的话,辅助准则能帮助经理人制定出更好的决策,其中包括比较不同部门的A类员工,看看是不是能区分他们的表现,是否表现优秀者对公司的贡献真的大于和他们同级别的同事。

胡珀还说:"这不是教科书,教你把不错的绩效管理文化转变为以'严厉的爱'(tough love)为特征的文化,这是为我们服务的工具。使用新系统一年后,我们看到绩效评分区别显著,奖金分红政策也同样得到了很大改进。"

格罗特解释说:"刚性排名(Forced Ranking)和强制排序(Forced Distribution)是相对比较法的两种使用形式。刚性排名体系和绩效考核流程相辅相成,其标准既包括员工表现,也包括员工潜力。"在典型的刚性排名体系里,20%的员工被评为A类员工,70%为B类员工,剩下的10%为C类员工。即使每个人都达到了基本要求,一部分员工还是只能在排名中垫底,而且在有些公司中,这部分员工会因此遭到解雇。正是这种政策让很多专家产生不满,他们认为解雇达标员工降低了员工对公司文化的信任。不过并非所有使用刚性排名体系的公司都开除垫底的员工。一些公司只是提醒一下他们而已。

另一方面,刚性排名体系只着重在年度考核流程上,并不评估员工的工作潜力。格罗特说:"大概30%的500强企业用这套体系来防止评分皆大欢喜、分不出高低的情况。"例如,公司可以规定只有5%的员工可以被评为"杰出员工",少于20%的员工能得到较高的分数,另外10%的人被定为"需要提高",还有至少5%的人必须被评为"考核结果不满意"。

建立责任制度

健康的绩效管理体系鼓励执行官担起责任,保证经理人能达到目标,同时保证经理人也能让他们的下属负起责任。这样就从两方面建立起了责任制度。首先,这样有助于确保员工要达到的指标正是被选来评估达标情况的指标。

在美国航空公司(American Airline),一种新型的网上绩效管理工具被用来管理和支持大约10 000名员工的工作。员工可以迅速地了解整条供应链,更好地协调自己设定的目标和经理人要求的组织层面上的目标。绩效管理经理萨拉·凯勒(Sarah Keller)说:"每当员工改动目标时,系统就会给他的上司发出电子邮件,这为经理人和员工创造了机会,让双方可以就新目标的好坏,以及是否选对了实施方式等进行沟通。"

其次,可以通过鼓励经理人为绩效考核工作而努力建立责任制度。在伯灵顿北方圣太菲铁路运输公司(Burlington Northern Santa Fe Railway),一项名为"员工领导者"的项目让同一级别的经理人每年有两天聚在一起。

他们彼此相互学习,向专家讨教如何同员工就绩效问题开展持续的交流,学习确保公司的战略目标能层层下达到每个员工的方法,以及学习用正确的方法评估员工的表现。

年度绩效考核开始后,经理人的上司先要查看经理人对员工的考核和员工的自我评估,然后再正式开会。组织效率总监拉歇尔·阿什沃思(Lachelle Ashnorth)说,这让经理人"了解他对员工的印象是不是和员工实际做到的相符"。

在其他公司,比经理人高两级到三级的上司会在会议前先看考核表。

塑造最佳绩效管理的隐性因素

最佳绩效管理系统提供评估框架用以区别员工表现,并把评价与考核打分及薪酬决策联系起来。

可是,是什么促使经理人愿意提出难题?例如,为什么这个团队的绩效和其中单个成员的打分不一致?是什么帮助经理人抽出时间指导表现不佳或无法提高绩效的员工?要知道这可不是令人愉悦的工作。

格罗特说:"不管流程设计得有多好,绩效管理远非如此简单。即使最好的系统也不能取代企业对勇气和毅力的需求。"那么,什么能帮助经理人运用勇气和毅力这些感性资源呢？

- **清晰明了的要求。**格罗特认为，经理人事先讲清楚要求的话，那么在员工没有达到要求时更容易指出问题。

- **"高级执行官变绩效管理为自己个人形象的一部分。"**美世人力资源咨询公司的科琳·奥尼尔这样说。而格罗特又补充道："高级经理人应该参与绩效管理培训环节，并对管理上出现的困难表现出真正的谅解，和经理人分享他们管理上的经验，这样做的价值无可估量。"

- **有弹性的绩效目标，可协商的跨部门合作。**假设公司首席信息官（CIO）正在想办法设定一个有弹性的绩效目标用以降低公司业务部门计算机设备的支出。"单在一个部门内部，很容易就能设定这类目标。但是设定一个能真正把绩效管理带进现实生活的目标则需要跨部门合作。"惠好公司的约翰·胡珀说道，"首席信息官提出支出要降低多少，而经理人则指出这样做对部门内每个人的影响。双方就这样你来我往直到最终达成协议。领导者更愿意设定这样沟通协商后得出的目标。"

格罗特说："尽管这样的高层不会和员工有日常接触，他们却了解组织真正需要的、能带领公司走向未来的人才。能看到两级到三级以下的员工评估有助于高层认可或否定他们的主观印象。此外，这让他们了解到管理工作做得出色的经理人。"

在整个绩效考核中，常规评估也对建立责任制有所帮助。在移动通信运营商Sprint，经理人会在年度考核的最后通过网上调查对整个流程提供评价。Sprint公司根据部分员工往年的反馈建立了一个详细的经理人质量目标：在今年的评估流程里，员工可以评估上司的工作质量。其他的公司有评分者可信度环节。各位经理人交流各自给员工打的分，然后再分发考核开始的一系列要求。来自不同部门的经理人必须为自己的打分找到充分的理由，这个环节帮助经理人保证打分都在同一个水准上。

当然，把有能力将绩效管理做到最好作为经理人晋升的关键指标可以让经理人以最快的速度关注绩效管理。

在卢卡斯电影公司（Lucasfilm），经理人现在的绩效评估流程在某种程度上给予正确培养下属，以及在发现和处理绩效问题时的积极主动性。这些评估又成为评估经理人高级领导潜力的一部分。

3. 罗伯特·弗里茨谈糟糕业绩背后的严酷现实

劳伦·凯勒·约翰逊

3. 罗伯特·弗里茨谈糟糕业绩背后的严酷现实

劳伦·凯勒·约翰逊

员工没有在规定时间内完成重要的工作；花费高昂的市场推广费用却惨遭滑铁卢；主要部门收入下滑。不管在组织的哪一个级别，你都会遇到和期望大相径庭的绩效表现。而你的反应决定了组织是从失败中吸取教训继续成长，还是重蹈覆辙。

布鲁斯·伯达肯恩（Bruce Bodaken）和罗伯特·弗里茨在《管理的关键时刻——帮助人们提高绩效的关键步骤》一书中写道："在碰到表现不佳的情况时，我们很多人选择迂回措施而不是直面问题。对此我们给出的借口很合理，且惊人地一致。我们觉得自己没时间去纠正低效率的工作习惯，我们不希望产生矛盾，生怕这样的谈话会挫伤士气。而且有些组织也不鼓励人们诚实地指出错误。"

但是，弗里茨认为这样的迂回措施会付出高昂的代价。一方面，"把工作都压在优秀员工身上很可能会压垮他们，而又剩下不少富余劳动力"。另一方面，迂回措施制造了沟通上的恶性循环：你对出现的问题什么也不说，直到问题积累到无法管理的地步，然后就会反应过度。之后，你又会对自己的行为感到难堪，于是对新出现的问题又采取了不闻不问的态度。

这种态度带来的最严重的后果就是，你让自己和同事失去了宝贵时机，因此可能无法发现错误，没法找出导致问题出现的想法和决策，不能展开计划而在以后取得良好的结果。换句话说，你会错失良机，从而无法创造一个持续学习的循环过程。

为了解决经理人不愿直面问题这一情况，弗里茨发展了一套被称作"管理关键时刻"（MMOT）的流程，其中包括以下四个步骤：(1)指出事实；(2)分析原因；(3)制订行动计划；(4)建立反馈系统。

伯达肯恩是加利福尼亚蓝盾人寿保险公司（Blue Shield of California，BSC）的首席执行官。他领导了一项领导行动力项目，和弗里茨将 MMOT 作为项目的一部分进行了测试。伯达肯恩和弗里茨认为，MMOT 强化了信息流，让决策制定更加讨巧，帮助 BSC 成为加利福尼亚州成长最快的生命保险公司之一。他们报告说，这套流程不但适用于经理人和下属之间的交流，也适用于同事之间的交流。

MMOT 流程的核心是使用考虑周详的提问。我们将以你（经理人）和一位误了任务完成时间的员工的谈话为例说明这一点。

承认事实

MMOT 流程的第一步是消除主观偏见、逆反心理和经验之谈对事实的歪曲,让谈话双方都能认同基本事实。

你可以用事实开始和员工的谈话:"项目的完成时间应该是 5 月 23 日,但是现在已经是 5 月 29 日了。"很多人觉得指出事实很难,员工可能会编出各种借口(我被别的事缠住了),或推卸责任(萨拉没有及时把数字报给我),从而不承认自己表现不合格的事实。

> 不承认糟糕的业绩可能会
> 导致失败重复出现。

要想只谈事实,没有借口,你可以重复说:"项目的完成时间应该是 5 月 23 日,但是现在已经是 5 月 29 日了,对不对?"有些批评只会起到反作用,比如"你太让我失望了","这样的表现很不专业",等等。这样做只会加重员工的抵触情绪,而 MMOT 流程的目的就在于把人从主观臆断拉回到事实根据上。

分析情况

一旦你和员工都认可了基本事实，你们俩就能在一起研究导致了表现不合格的想法和决策。有个关键问题你一定要问："最先发生的是什么事？接着又发生了什么？你的决策是什么？为什么？决策的结果怎么样？"

下面这一则对话摘自伯达肯恩和弗里茨的书：

你："怎么回事？你怎么错过了截止日期？"

员工："花在这件工作上的时间比我想象的要长，而我又被别的事缠住了。"

你："你在为这个项目做前期计划的时候有没有把别的工作考虑进去？"

员工："没有。"

你："这说明了什么？"

员工："我的计划不对。应该把眼光放远一点，想得多一点。"

你："那么以后制订工作计划时会不会多考虑考虑，然后再认同给你的期限？"

员工："当然会，这是我所应该做的。"

还有一些提问也有助于找到问题的症结,比如:"你接到工作的时候,谁正准备去做它?什么时候?","你从什么时候开始意识到项目进程延误了?","你是怎样处理延误的?"

你要注意的是这位员工的决策、臆想和思考过程,而不是其他可能的原因造成了延误。这名员工会慢慢了解到设计流程和执行流程是管理的关键所在。

设定行动计划

在第二步的基础上,第三个步骤将形成一个切实可行的计划,避免以后再发生类似的问题。改进计划可以很简单:"在为新项目计算需要花费的时间时以正在进行的项目为参考。"也可以做得复杂一些,把多重因素包括进去。但是,改进计划一定要清晰易懂,可以根据员工可能会遇到的情况作出调整。

你要督促员工给出行动计划的草案,只有在他构思新措施遇到困难时才提供帮助。最重要的是,让他把你们俩一致同意的计划——还有双方认可的基本事实,导致问题出现的原因——写在电邮里或写成备忘录。这样就表明双方都同意要有所改进,也能看出员工多大程度上理解了 MMOT 流程。你可以纠正一切错误的理解。行动计划还应该包括如何衡量计划的成效。

建立反馈系统

当员工开始实施行动计划的时候，他可能会发现计划需要作出调整。为此，你们俩要建立起反馈系统去发现需要调整的地方。这点极为重要。例如，员工可以向你展示他正在起草的项目计划书，定期向你汇报进展和遇到的各种问题。

和员工讨论糟糕的业绩表现绝非易事。但是，如果讨论双方都熟悉 MMOT 流程的原则，了解流程每一步的目的，那么谈话就会容易很多。

诚实的新标杆

绝大多数组织、经理人和员工都能贯彻自己的价值观，无法容忍公开的欺骗。但是像"永远别和老板唱反调""千万别承认错误"这样的潜规则盛行职场，于是隐晦的欺瞒变成了职场道德准则。MMOT 颠覆了这类准则，伯达肯恩和弗里茨在《管理关键时刻》一书中写道，因为 MMOT 曝光了职场潜规则，这些规则阻碍了诚实地评估问题的严重性和原因。

他们还写道："你要是个坚强的领导，就会希望周围人告诉你实情,不管真相如何严酷。而你也同样想把实情告诉周围人。"他们认为,只有当所有人都不再有所隐瞒的时候才能做到真正的坦诚相待。"彼此之间坦诚相待的团队是那些向彼此提问的团队,他们认真地想要理解和自己不一样的观点。"

弗里茨说,使用了MMOT方法的组织不仅会建立起持续的循环改进流程,还会发现办公室人际关系的改善,员工在工作中享受到更多的乐趣。"MMOT流程一目了然,人们知道这里面没有猫腻,有的只是坦诚。"

4. 身陷"优秀业绩"牢笼

詹妮佛·麦克法兰

4. 身陷"优秀业绩"牢笼

詹妮佛·麦克法兰

　　国际劳工组织(International Labour Organization)最近一项调查发现,10个上班族里就有一个正饱受压力、焦虑、抑郁,或精疲力竭之苦。但是,我们不能把责任都归咎于裁员或商业节奏过快。员工自己——特别是优秀员工,也得为自己的过度劳累负责。让人矛盾的是,出类拔萃的成就会增加恐惧感,而恐惧又会导致过度劳累。

　　咨询师汤姆·德马科(Tom DeMarco)在《懒惰》(Slack)一书中这样描述道,要想了解过度劳累,必须先考虑到"过度投入工作所引起的欲罢不能的快感"。南伊利诺伊州大学(Southern Illinois University)副教授乔·埃伦·穆尔(Jo Ellen Moore)注意到高度专注于工作的人群最容易受到过度劳累的影响。他们"有很强的自我管理能力,很少需要别人的监督。他们了解要做什么,然后就会做好"。毫无疑问,经理人倾向于让这些明星员工超负荷工作,他们会"为了完成任务工作到死"。德马科又补充道,"对刺激的工作催眠般的高度沉溺和疲劳结合在一起降低了员工的思考能力。如果他们还有能力摆脱这样的境况,那么他们就会把这些精力全用来掩盖自己的疲劳,至少会试图这么做。"

心理学家史蒂文·伯格拉斯(Steven Berglas)在《成功人士战胜疲劳的秘密》(Reclaiming the Fire)一书中进一步比较了毒瘾和工作上瘾。他认为,成功人士常常相信所有的事情都会好转——只要他们能让下一个项目上线或者再多售出一件商品。这导致了他们自己的灭亡。然而,预期能得到的满足感几乎从未实现过。成功变成了毒品,明星员工不时地需要工作这种毒品。伯格拉斯解释道:"实现了目标后,你适应了目前达到的等级,于是兴奋之情逐渐消失。接着就会想要完成更多的工作,到达更高的等级。然后,你不断需要更多的成功毒品来得到渴望的满足感。"

伯格拉斯还说:"靠成功逐渐积累起来的对物质、自尊和人际关系的渴求会不断受到自我能力评估的威胁。"这几乎是构成"鼎盛过后劳累症"(Supernova Burnout)每一种症状的基础。"结果,鼎盛期过后,很多成功人士发现他们被危机恐惧感阻挡在了创新和建设性改变之外。"对迎接新挑战的恐惧昭示了它本身就是一种对再次成功的焦虑(怎么才能超越上一次的成就呢?),"企业家纵火症"(Entrepreneurial Arson)(有意制造麻烦以缓解无聊的工作生活)和自残行为(把对潜在失败的责任外化为吸毒或酗酒)。

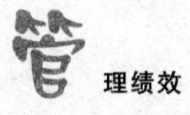

你有没有得"鼎盛过后劳累症"？

请看以下几个形容词：

- 一心一意
- 坚持不懈
- 自我依赖
- 一丝不苟

- 努力不懈
- 偏执
- 狂热
- 不屈不挠

如果你年过不惑,而以上的形容词有四条符合现状,那么你就是个"彻彻底底的'鼎盛过后劳累症'患者"。史蒂文·伯格拉斯在《成功人士战胜疲劳的秘密》中这样说。

伯格拉斯说,处理成功引起的危机威胁感需要的是重新配置而不是彻底重塑自我。"除非你不再把自己当成自己的对手、在强化自我却叫人崩溃的职业道路上处处设陷阱害你的对手,不然的话你对挑战、创新或改变的结果总会抱着孤注一掷的极端看法。"

为了防止被根深蒂固的观念束缚住,你需要周期性地重新开始自己的事业。如果经济上不允许,那么就找时间参加能激发思考能力的活动。伯格拉斯说："有了大量积极反馈和满意情绪,你在创造和变革带来的潜在失败阴影面前会更加坚定,更不容易感到威胁感。"

参考阅读

Reclaiming the Fire by Dr. Steven Berglas（2001, Random House）

Slack：Getting Past Burnout, Busywork, and the Myth of Total Efficiency by Tom DeMarco（2001, Broadway Books）

第三部分

解读期望的力量

正如许多人力资源专家指出的那样,一次绩效评估是和员工沟通你对于他们在未来一段时间内的期望的最佳时机。但是要有效地传达期望需要一些考量,这一部分的文章就将对此进行阐述。

在接下来的几页中,你将看到可以将期望的力量转化为使你的总监所报告的绩效最大化的一些有效的技术。这些点子包括邀请员工为你所计划的期望中作出投入,把期望和每一位下属最深层的独特兴趣相挂钩,关注所期望的未来变化而非强调过去的绩效。

1. 美好的期望 | 良好结果的关键所在？

劳伦·凯勒·约翰逊

1. 美好的期望
——良好结果的关键所在？
劳伦·凯勒·约翰逊

面的这些话听来似乎很有道理：对员工的期望值越高，他们的表现就越好。史特林机构（Sterling Institute）的创建人 J. 史特林·李文斯登（J. Sterling Livingston）1969年在《哈佛商业评论》上发表了一篇名为"管理学上的皮格马力翁效应"（Pygmalion in Management）的文章，文中对此作了探讨。另一方面，对员工要求过低的话，他们的表现就会很差劲。让—弗朗索瓦·曼佐尼（Jean-Francois Manzoni）教授和让—路易斯·巴尔索克斯（Jean-Louis Barsoux）教授把这称为"注定失败综合征"。

其实经理人要求和员工表现之间的互动比这些常识性的格言要复杂很多。的确，期望要能对个体的绩效产生强有力的影响。

但是，如果经理人认为提高要求只是确定并宣布要求，而不让员工参与到整个流程中来的话，他们最终得到的结果和要求不高的经理人相差无几。

美国TMI咨询公司(TMI US)董事长贾内尔·巴洛(Janelle Barlow)说:"认为设定了高标准就能得到员工最佳表现,这种想法宛如空中楼阁。你必须要脚踏实地把想法付诸实践。"专家和执行官都认为,成功的期望值设定取决于经理人实施以下四个措施的能力。

员工参与期望值的设定

经理人希望员工的表现达到一定水平并不意味着员工一定能够做到。因此,Incedo Group的咨询师琳达·芬克尔(Linda Finkle)认为经理人需要了解员工对他提出的要求作何反应。重要的一点是,人们对于自己参与制定的目标更有认同感,并且也更有信心完成。

Comforce职业介绍所(Comforce Staffing Firm)的执行副总裁鲍勃·塞纳托雷(Bob Senatore)一直以来都让员工参与到目标设定过程中来。他会对员工说:"我认为这是我们能共同完成的目标,你们说呢?"就像经理人和下属沟通设定目标一样,他和手下的经理人协商后订出目标。然后每一对经理人和员工(尤其是新员工)共同制定出衡量进程的指标。每一对也要根据商业环境的变化要求调整目标。

埃德·古柏曼(Ed Gubman)是Strategic Talent Solutions的合伙人之一。他敦促经理人"心存全局,着眼个体。提出远大目标鼓舞整体士气,但也要根据每个员工的角色、能力和工作热情协调管理。经理人不可能也不应该指望每个人的表现都一样。要把员工放在能让他们成功的环境里"。

关注可达成性

在目标设定过程中,除非员工清楚地了解公司要他们完成的目标,否则不管他们多么积极地投身这一过程,也不会提到点子上。塞纳托雷说,Comforce的经理人会尽可能详细地描述达成一致的目标,并给出每个目标完成的时间框架。比如说,我们会和这个大客户签一份合同,在明年第一季度为他们提供五个全职机械工和10个兼职工人。

此外,有些执行官则认为过多的细节会阻碍员工反馈。他们觉得即使不给出很多细节也可以做到清晰明了。猎头公司伍德摩尔集团(Woodmoor Group)的总裁雷·贝丁菲尔德(Ray Bedingfield)对招聘人员说:"我们希望你今年招六个人来。"然后他就把招哪个层面的人这样的细节问题交给招聘人员去决定。

当然,光有清晰的目标还不够,员工们必须要看到实际可操作的目标。卡里·库珀(Cary L. Cooper)是英格兰兰卡斯特大学管理学院组织心理与健康学的教授。正如他说的那样:"要求和表现的关系能用铃铛型曲线来描述,高要求带来提高和改善——直到要求高到不切实际为止。然后就会导致员工超负荷工作,压力很大,绩效下降。可惜很多高级经理人想当然地认为他们应该不断催促下属向更高的目标迈进。"

创造有助于完成目标的方法

有了正确的要求,经理人接下来就应把工作重点放在创造有用的方法帮助员工达到要求上,这些方法包括使用反馈、培训和鼓励等。

肖恩·麦克劳克林(Sean McLaughlin)是多棱镜酒店管理公司(Aramark Harrison Lodging)发展与品牌绩效总监。当他在2003年启用新的反馈程序时就产生了这样的想法。他建立了电子邮件调查系统,从公司的两大顾客群体——酒店客人和会议策划人那儿收集对服务质量和其他项目的反馈,这样的反馈稳定且详尽。

自我效能的力量

詹姆斯·史密瑟(James Smither)在费城拉萨尔大学(La Salle University)教授人力资源管理课程,他说:

"目标要订得难一些。但是不要难到让员工望而生畏，拒绝执行。"

员工一定要相信自己努力后就会完成目标——史密瑟称这种特点为自我效能。他说，自我效能高的时候，员工的目标就有挑战性。遇到挫折不气馁，碰到消极反馈不但不产生抵触情绪，反而更加努力。

他说经理人可以使用以下方法提升员工的自我效能：

- 把任务拆分成小块，一部分一部分地布置任务，鼓励员工一次达到一个小目标。
- 从头开始布置任务，从而让员工逐步由简而繁地完成工作。
- 引导员工关注那些和他们有相似问题的同事。
- 让员工观察经验丰富的同事是怎么工作的，不管这工作是可以量化的还是解决纠纷这类难以界定的人际问题。
- 多鼓励少批评，或假定员工已经对完成目标胸有成竹了。

他说，调查"让我们能向员工提供大量可操作的反馈"。如果公司发现哪位客人或策划人给了一分或两分（五分制评分中最低的分数），系统马上会向相关经理人发出警告，经理必须和员工就此进行沟通，制定弥补

方案。

麦克劳克林说,"这样做让我们向员工传递了两条关键信息,我们需要立刻为客人解决问题,我们不但提出要求,还要提高要求。"

经理人的鼓励能让反馈和培训如虎添翼。正如商业指导朱丽叶·芬特(Juliet Funt)指出的"'我要你做……'和'我知道你能做……'产生的效果存在天壤之别。经理人必须不时地注意并着重感谢表现突出的员工"。

然而,"你也需要改变表扬的形式,"咨询师本·莱克特林(Ben Leichtling)说,"员工希望对他们的表扬是与众不同的——不管以何种形式,口头的、当众的、私下的,抑或是用文字写下来的。通过观察、尝试和碰壁,经理人能发现适合每个员工的表扬形式。"

同样,员工对批评的反应也千差万别。莱克特林说:"在员工努力工作完成目标的同时,你要随时让他们明白你要的是最好的。如果员工无法完成目标,你就应该根据每个人的不同情况调整方案。有些人适应失望和批评,而另一些人则习惯经理人帮助他们一步步取得成功。"

走近员工最深层的动力

休斯敦大学商业教授柯特·图尔弗特（Curt Tueffert）说："员工依照各人兴趣产生完成目标的动力，而不是靠别人指挥。经理人必须和员工合作发现最能激发每个人工作动力的地方——竞争、紧密合作，等等。当经理人和员工双方都参与这个流程后，每个人都在通向最佳表现的道路上更进了一步。"

管理咨询师罗伯特·坎农（Robert Cannon）从另一个角度来解释积极性："大部分经理人用挑剔和消极的语言看待世界，但是没有人会因为听到'我们有问题了'而欢欣鼓舞。"坎农帮助客户运用恰当的提问，用积极的词汇搭建提要求的框架。"通过适当的询问，经理人和员工共同发现做得好的地方和需要吸取教训的地方。他们能看到理想的将来，并发展和实施可行的方案。经理人不要告诉员工该怎么做，而要运用提问解释为什么这样做是重要的。把'怎么做'留给员工解决，你能得到更多。"

2. 将来的反馈

哈尔·普洛特金

2. 将来的反馈

哈尔·普洛特金

去年,凯利劳动力服务公司(Kelly Service)为大约70万名工人安排了新工作。公司地铁市场运营部(Metro market operation)副总裁史蒂夫·阿姆斯特朗(Steve Armstrong)说,工人们收到的管理反馈的质量常常决定了他们能不能成功。"反馈绝对是最重要的。没有它,就没有好的结果。"

劳动力服务公司要请求安排工人的公司定期给出反馈,以了解工人的工作情况,对于劳动力服务公司来说,反馈的确是一种福音。

然而在很多公司里,反馈却使人恐惧,遭到人们的拒绝,或顶多三心二意地敷衍了事。这实在叫人羞愧,因为反馈能开启持之以恒提高业务之锁。得不到员工的配合,怎么会有进步呢?

这个问题的解决方案是:改变对话的内容,从只注重过去的表现转变为对未来的重视。换句话说,不要为过去所犯的错误责备员工,而要和员工具体讨论改变现状获得提高的方法。给员工一个目标，而不是一大堆需要克服的问题。《每次改变一个人》(Making Change Happen One Person at a Time)的作者小查尔斯·毕晓普(Charles H. Bishop)说，"你的终极目标是让人们充满活力，愉快地扮演你要他们演绎的角色和实现他们所需要得到的提高。"

经理和人事工作者要评估的不单是员工过去的表现，还要看他们随机应变的能力。当员工理解了你的目的在于让他们有能力上的提高后，就愿意以积极的行动作为反馈结果，而不会消极抵抗。

不是所有人都欢迎改变的；很多人觉得改变让他们不舒服，还有人强烈地反对改变。作为经理人，你必须和这些人沟通，传达公司对改变和提高的重视。这一点十分重要。

当员工理解了这一点之后，反馈就会成为有用的工具。员工不会厌恶反馈，反而能利用反馈得到进步和提高，并完成目标。半年一次的正式绩效考核为员工启动或重新为反馈流程注入活力提供了理想的工具。

六大步骤减少执行反馈流程的难度

杰克·H. 格罗斯曼(Jack H. Grossman)和J. 罗伯

特·帕金森(J. Robert Parkinson)在《做成功的经理人》(*Becoming a Successful Manager*)一书中说道:"想要正确地工作,就要有充分而持续的沟通,让员工知道他们要做什么,以及他们现在做得怎么样。"他们推荐了六大步骤减少执行反馈流程的难度。

详细了解员工的成功和失败

考核要详细。别对员工说他迟到了很多次,而要说出在某段时间内他到底迟到了几次。

同样地,表扬也要具体。例如,员工为公司节省下了多少钱或时间。格罗斯曼和帕金森建议经理人在和员工谈话时"把重点放在具体行动上,而不是结论上"。

的确,经理人会犯的最大的错误之一就是忽视了给有价值的员工作出反馈的重要性。没有人愿意自己的才能被埋没。根据 Robert Half International 1998 年的一项调查,大约 25% 的好员工由于没得到赏识而离开公司。所以,不给优秀员工反馈,他们就会离开。

而对问题员工的反馈则需要更高的技巧和敏感度。碰到这种情况,经理人要谨记客观反馈和主观反馈的区别。不管是口头还是非口头的生气与失望都会带来反作用。

简言之,你应该努力不让自己的主观情绪阻碍反馈,要坚持只谈论员工具体的行为。还要记住,沟通不单单是说话,还包括肢体语言、脸部表情和语音语调。在以上几种沟通形式上犯了任何错误都会恶化有问题的行为,都可能把反馈环节变为针锋相对的攻击而非有建设性的交流。罗伯特·巴考尔(Robert Bacal)在《对付问题员工》(*Dealing with Difficult Employees*)一书中说:"你试着传达对事实的反馈,可你的非语言信号却显示你异常愤怒,那么员工很可能会对此回应以狡辩或反驳。"

少说多听

让员工说说他们对你的观察有何意见。仔细倾听他们的话,观察他们的肢体语言;必要时可以借由提问帮助他们表达自己的意见。你不听员工的意见,他们也不会听你的。

> 你不听员工的意见,
> 他们也不会听你的。

和员工讨论让他们改变行为背后的含义

在处理"问题行为"时,你要清晰无误地讲清楚可能出现的后果,比如,可能从某一天开始被列入观察期,错过下一轮晋升的机会,或者可能被开除。同样,你要让表现好的员工知道他们会得到奖金或者其他奖励。详细提供关于员工行为影响自身发展的信息，这样员工才能了解评估自身行为的指标。

对付特别有问题的员工，有个办法很管用，就是额外花时间帮助员工理解自己的行为对公司产生的影响。比如没有及时给客户回电话就会影响客户满意度。确保员工理解让他做某件工作的原因。获得这样的信息后，员工才不会认为反馈是专横且带有惩罚性质的。

把过去的成就和需要作出的改变联系起来

找出员工做得好的地方，告诉他们把有助于获得成功的方法运用到需要改进的地方。不要只给出劝告，而要让他了解为什么你认为他可以解决所有任务，从而为他树立信心。解释目前的工作要求和员工过去成就的关系。

把这类信息传达给员工的有效方式乃是在个人反馈基础上再加上集体反馈。实施这个办法能创造一个非对抗性的环境。例如，组织一次集体会议，假设主题是提高客户满意度，这次的讨论不会针对某一个特定的人。可以鼓励优秀员工参加这些讨论，把他们的想法和行动与大家分享。引导讨论方向，着重在需要提高的地方。会后单独和问题员工谈话，开门见山地告诉他们之前讨论的哪些问题和他特别有关系。

巴考尔写道："问题员工得到反馈的渠道越多,他们越有可能真正听进去别人的意见,并改进自己的表现。"

对行动计划统一认识

询问员工准备采取哪些措施解决问题,征求他的建议是一种有力的战术,"因为人们总是习惯循着自己的想法做事,而不是让人指使着做事"。(格罗斯曼和帕金森)写道。

确保员工的想法、时间表和计划是现实的,最好也是能测量的。然后写下计划,并和员工一起执行。

对计划的跟进

定个时间再次和员工谈话,考查行动计划的进展。不过,不要等到谈话那一天才开始考查行动计划,而要把计划的发展作为更有规律的非正式环节的起点。这就是优秀经理人和别人的区别。他让员工知道他们有没有在正确地贯彻计划。

当反馈直接和双方都认同的行动计划相连后,对反馈的时机或公平性的迷惑会大幅下降。

格罗斯曼和帕金森建议在定期的会谈之间保持这

样稳定的反馈,这也能降低正式绩效考核时常会带来的焦虑情绪。

别忘了表示你的赏识

到了要提供正面反馈的时候了,你还要花点心思表示对员工的赏识。除了直接感谢他们外还有很多表达方式。巴巴拉·格兰兹(Barbara A. Glanz)在《谨慎处理——员工激励与留用》(Handle with Care: Motivating and Retaining Employees)中如此写道。

格兰兹建议经理人写信表扬员工,并在员工人事档案中留一份信的复印件。或者可以在晚上请员工到市中心放松放松,出其不意地给他一天的休假,或者演出票,员工喜欢的商店、饭店的抵用券,等等。

所有这些是不是听上去有些过于麻烦?记住下面这句格兰兹说过的话吧:"人们不会换公司,只会换老板。"

参考阅读

The Complete Idiot's Guide to Dealing with Difficult Employees by Robert Bacal (2000, Alpha Books)

Making Change Happen One Person at a Time: Assessing Change Capacity Within Your Organization by Charles H. Bishop, Jr. (2001, AMACOM)

Handle with Care: Motivating and Retaining Employees by Barbara A. Glanz (2002, McGraw-Hill)

Becoming a Successful Manager by Jack H. Grossman and J. Robert Parkinson (2002, Contemporary Books)

第四部分 选择绩效考核指标

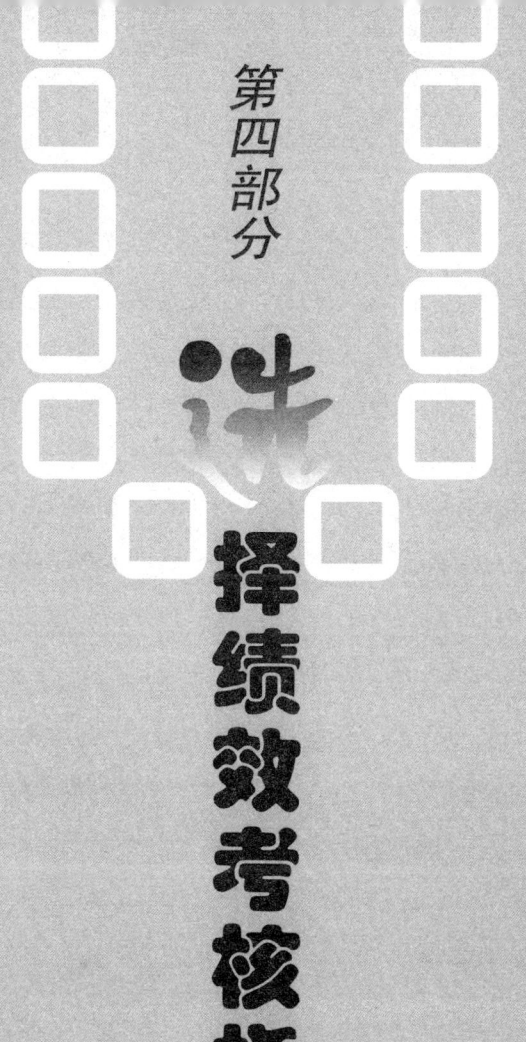

决定员工是否做出了好成绩,你需要明确绩效考核指标,这里面可大有文章。明确考核指标比很多经理人想的要复杂。最有效的指标不但把员工的工作职责和发展目标考虑在内,还考虑到公司的高层目标。

这部分的文章指导你为员工选择合适的绩效考核指标。你会发现有用的建议帮助你明了机构的战略目标,明确团队或下属与战略目标相关的指标,为每位员工选择合适的考核目标,进一步支持公司的高层目标。

1. 现在该如何思考绩效评估

洛伦·加里

1. 现在该如何思考绩效评估

洛伦·加里

国经济整体下滑，公司用来指导业绩的仪表盘闪起了红色指示灯。公司在短期降低成本策略和长期增长计划之间难以抉择。而那些的确时运不济的公司正在不时核查公司的资金流转方式。

宾夕法尼亚大学沃顿商学院的安永(Ernst & Young)会计学教授戴维·拉克尔(David Larcker)说："世界发生改变，人们很自然地会问，你所考核的是不是正确的指标？"这就是为何"关键绩效考核指标"(KPI)最近广受关注的原因所在。KPI可以把重点放在财务指标上，例如，日现金量、各单元或部门的运营收入；也可以把重点放在非财务指标上，例如，及时接听服务热线、从接单到出货的时间，或新产品销售百分比。但是，正如拉克尔解释的那样，最佳的KPI设置应该被看做前瞻性的考核系统，帮助经理人预测公司的经济表现，突出运作上需要改进的地方。

现在是重新使用你正在跟踪的措施或者同时采用

新措施的时候了吗?在某些情况下,回答是肯定的。但是在大多数企业里,问题出在企业的考核措施和战略目标之间没有联系。健康协作组(Group Health Cooperative)的商业战略执行总监安德鲁·纳尔逊(Andrew Nelson)承认:"看看我们的非财务绩效指标,比如,客服和工作环境,我们并没有深入理解真正驱动组织业务的是什么。"在开始使用KPI之前,你先要问问自己下面几个战略性问题:我们的整体战略仍然有用吗?我用的措施确实和整体战略有关吗?有没有使用从措施中收集来的数据重新评估战略要点?这些问题可能无法帮助你避免经济萧条引起的鱼与熊掌难以兼得的问题,但是至少它们能确保你不会盲目地作出抉择。

把预算、指标和行动同战略挂钩

咨询师劳伦斯·S.梅塞尔(Lawrence S. Maisel)和美国注册会计师协会(American Institute of Certified Public Accountants)联手作过一次调查,在2 000份答卷中有80%的人认为,绩效测评体系是达到商业结果和为股东创造价值的手段。可事实上,绩效测评体系仅仅狭隘地着重于传统财务测量法,例如,现金流、运营收入和销售利润等。有那么多公司开始使用绩效测

评的确是值得庆贺的进步。可是，尽管这种方法被广为使用，很多公司却在应用这个新术语的同时并不了解现在的业务哪里需要调整。他们并不知道自己非财务领域的业务核心驱动力是什么，也不理解这些非财务领域彼此的联系以及它们和整体财务表现的关系。

平衡计分卡组织（Balanced Scorecard Collaborative）主席戴维·P.诺顿（David P. Norton）说，"一个KPI指标本身并不能告诉你多少内容，KPI数量的多少也不能。最关键的因素是战略。首先必须要有战略，然后你才能把它转变成需要追踪的测评方法。"

平衡计分卡的概念最先由哈佛商学院领导力发展课程教授诺顿和罗伯特·卡普兰（Robert Kaplan）提出。它是20世纪80年代后出现的所谓"基于价值观的管理技术"的衍生物。它能帮助你关注绩效驱动力之间的因果关系，并找出绩效驱动力与战略性结果之间的关联。然而，诺顿强调，平衡计分卡并不是战略性计划，"而是一种促使你弄清楚自己战略的工具。你应该能够查看计分卡，再溯流逆行颠倒过来运用计分卡看清公司的战略重点"。

除了传统财务测评方法外，平衡计分卡还包括一些指标帮助公司回答以下三个关键的绩效问题：

- 顾客是怎么看待我们的？这类指标包括顾客满意度、价格和竞争的联系以及市场份额。

- 什么东西必须做到最好？即哪些内部业务流程能保证我们一直满足客户的期待？针对这类问题的典型测评指标与接单后的出货时间、生产力及质量有关。
- 我们如何继续提高和创造价值？新产品销售份额百分比或提高货运准时到达率这类指标将评估公司的学习能力和创新能力。

诺顿还说，很多公司反向制订战略性计划。它们列出了要采取的行动，使用内部业务指标（时间和成本指标）作为关键因素。但是，战略性计划不应该是关于管理要采取什么行动的。战略应该描述公司希望如何为股东创造价值和维持价值。典型的做法是把这个庞大的目标分为三个主题：运营效率（提高核心业务流程的效率）、顾客管理（更好地了解和利用顾客关系）以及产品创新（开发新产品、新市场以及今后继续保持增长的新关系）。运营效率战略在实施不久之后（12个月到24个月）就能看到效果。而要看到产品创新的结果则要花很长时间——服务行业两年到三年，制造业三年到五年，医药行业要整整十年。而客户关系战略所需时间则介于运营效率战略和产品创新之间。例如，市场细分战略或服务战略通常需要两年到三年。

只有这三个战略主题都决定好了，你才能找出测评方法跟踪实施进程。接下来，为选好的测评方法建立有弹性的目标,并选择能帮助你区别目标的行动。这样做有助于避免误把行动当成目标本身。行动是执行战略目标的手段,因此测评指标应该测量完成目标的进程,而不是行动。

诺顿说:"经济正在衰退,问题不是'我该不该更换KPI',而是'我的战略对不对?'一般来说,对这个问题的回答是'不!',因为战略构建于一系列预设之上,包括财务期望值、顾客价值建议、内部业务流程、学习和发展。如果你的战略没有问题,就不需要改变。但是,尽管战略不用变,战术却要有所改进——战略重点要有变化。不过我不希望执行官们动作太大。我讨厌看到公司在糟糕的时刻重新启用不平衡的管理方法。"

保持生产力和增长需求的平衡

这个战略其实包含了两个相互矛盾的观点:增长(长期)战略和生产力(短期)战略。诺顿说:"你需要不时平衡这两个战略。虽然不会减少对股东长期价值的管理,但现在更需要强调的是生产力。可是,眼下距离上一次经济萧条已经过去很长时间了,许多经理人已经忘了(或者根本不知道)度过经济低迷期的方法。要是现在不尽快制定出战略的话,公司的未来就很难说了。"

盛世广告公司(Saatchi & Saatchi)的首席执行官比尔·科克伦斯(Bill Cochrane)在1991年经济萧条时曾供职于一家广告公司，他说："当时真是一片狼藉。我们的流程毁了和很多客户的关系。"当时，公司更需要动个大手术。1999年末，当来自客户的利润增长率开始减缓的时候，公司首要的一项测评指标——从员工成本中得到利润的百分比——开始攀升。"那是我们的机会，"科克伦斯说，"我们给员工假期，又解雇了一部分人，同时起用更多的临时工。但是，平衡计分卡帮助我们了解到'永久忠诚客户'(PICs)对公司的重要性。现在我们把所有与客户无关的东西都去掉了。而且还开始评估以往一直由内部人员负责的活动，看看是不是外包出去会做得更快或更便宜。但是和得到新客户的成本比起来，老客户维护的成本总是低的。我们绝不会做危害到永久忠诚客户的事，至少这样做以后，我们至今还没有损失。"

绩效测评的演化

"经济效益"、"剩余收入"这类指标解释了资本相关的成本，帮助公司注意到资本投入没有赢利的地方。但是，尽管这些指标因价值而生，它们却拖了绩效指示器的后腿，在"预测将来的投资，面对未知的收入和资

本需求,在新产品开发或进入新市场这样的投资上"很少有用。上述文字摘自马拉康战略咨询公司(Marakon Associates)合伙人迈克尔·C.曼金斯(Michael C. Mankins)和埃里克·阿穆尔(Eric Armour)在《经营战略杂志》(Journal of Business Strategy)上发表的"回到未来"(Back to the Future)一文。20世纪80年代末期出现的更具全局性的价值管理把战略和财务投资联系起来,使公司能够理解企业内部"股东价值的源泉和动力",并"找出全新的、与众不同的战略,从而创造更多价值"。

平衡计分卡出现于1992年,当时它不过说明了价值管理在高度重要的问题上不再是一套工具那么简单而已。而现在,公司的KPI包括顾客满意度、质量、创新等非财务测评手段。而且KPI不但和薪酬、绩效管理计划相连,还和战略计划、资本投资过程挂钩。今天,价值管理已经成为一系列全面的原则,有时它被认为是"为价值而生的管理",这包含了每个经理人要做的工作。

诺顿认为没有"不可动触"的增长目标的话,来自董事会、投资者和华尔街要求降低成本的外部压力会压得人透不过气来。避免这一点的秘诀就是清楚地传达我们平衡的战略位置,重视与生产力相关问题的同

时不放弃长期战略。圣玛丽/德卢斯医疗保健机构(St. Mary's/Duluth Clinics Health System)是一家非营利组织。该组织自1998年发展自己的平衡计分卡以后，很快就开始看到经济的转变。于是它更加重视成本——在这个行业中成本意识仅次于高尚医德。不过，它的首席执行官彼得·珀森(Peter Person)博士必须小心谨慎地让董事会了解这些降低成本的新措施不会阻碍组织进入新市场，例如，心脏学、整形外科、流动手术室和医学成像等。"特别是现在，"珀森说，"我们要确保自己了解项目里哪些地方有赢利，哪些没有。但我们也需要尽快执行增长战略。"

> 用收集到的数据来衡量你目前
> 是不是使用了正确的衡量指标，
> 是不是赋予了这些指标适当的权重。

拉克尔说："上述做法要是在你那儿行不通，那就必须重视短期目标。最终，所有一切都归结为能够提高现金位置的测评方法。"例如，提高销售额、调整售价、增加罗列工作清单的次数、最大限度减少次品、大幅提升生产力，等等。要是你还没落到这样的窘境，那么采取有层次的方法是最明智的，该方法包括短期、中期、长期目标——即运营效率、顾客管理和产品创新。杜邦工程塑料部(Dupont Engineering Polymers)

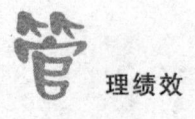

已经眼看着来自它最大的客户的订单（自动化和电子行业客户）急剧减少。杜邦的总裁克雷格·内勒（Craig Naylor）这样描述他的混合方法："现在，平衡计分卡的力量日益强大，它加强了我们和顾客的关系。然而我还是相信股东价值法中的净现值。因此，我们看待改变的优先性应该基于这样的观点：经济衰退过后哪些东西不会改变，也就是说，经济恢复后哪些东西依旧不会好转。"

调整你的指标

在考虑使用 KPI 之前，就该经常回过头去检查检查公司的战略。当你回头检查公司战略时，你会发现以下几条建议对你的公司是很有帮助的。

选择位于价值链末端的指标

布料生产商和服装零售商位于价值链的两端。布料商认为，越是远离市场的工业越是容易在经济萧条时期经历"牛鞭效应"。产品产量减少 10%，对供应商的订单就减少 10%。供应商转而降低他对自己供应商的订单，减少量通常超过 10%，因为此时供应商有了库存积压，不需要那么多货了。这样层层下剥直到价值链的末端。摩立特集团(Monitor Group)高级领导人布鲁斯·丘(Bruce Chew)说,"这样做的结果就是市场上的一点小的变动顺着价值链越变越大,直到末端。因此,不能简单地只追踪你自己的订单和销售数字,还要追踪最终客户的销售和价值链上所有供应商的订单,从而对自己公司的产品需求变化有明确的了解。"

确保使用的是正确的成本数字

丘说:"全面的成本数字基于会计方法,追踪公司花的每一分钱。这种做法在公司扩张时期可能行得通。"但是在经济衰退期,你对深思熟虑的行动计划对于经济影响的判断会被这样的成本数字误导。假如你考虑减产10%,就要问问自己以下几个重要问题:哪些平时一直做的事会因此不做了?哪几个外包商和供应商不再需要了?哪些设备可以卖了变现?这些问题的答案会决定减产10%以后真正的成本数额。我们从中学到的是为你要制定的具体决策开发衡量指标。

不要困在单个指标里

丘的一个客户发现,和对手相比,他有15%的价格劣势——即使在市场走下坡路的时候这样的劣势依然存在。公司计算了需要解雇的人数以弥补价格差异。

因为注意力完全放在了员工人数上，公司失去了生产力：产出和劳动力人数一起下滑，15%的价格劣势依然存在。

追踪多少个指标才合适呢？对此的回答是仁者见仁，智者见智，众口不一。"一个人一次能想几件事？"拉克尔问，"我的幸运数字是七，然后加上或减去二。"而卡普兰和诺顿则认为，发展良好的平衡计分卡需要23个到25个指标，且其中不超过五个财务指标。而直觉在决定指标数量上仍有一席之地。

不过，可别被这个问题困住了。不管决定用多少个指标，都要孜孜不倦地把收集来的数据用到分析里去。过段时间后，你就可以看出用的指标到底对不对，给的权重到底正确与否。拉克尔研究过的一家公司拥有几千家零售店铺。公司相信员工主动离职是公司股东业绩的关键驱动力。此后的数据分析发现了一个更精确的指标——零售店经理的离职情况——那才是真正的驱动力。得到这个指标后，公司才能有的放矢——发展经理人激励机制和培训项目——总体股价也因此不同了。

"一天的工作结束后，只说，'嘿，我们的顾客满意度上升了20%。'是不够的，"拉克尔说，"这种行为太短视了。想从价值管理上得到好处，你需要知道公司KPI转变成底线业绩的过程。"这就是为什么诺顿说，"战略不是一次性的活动，你应该时刻评估自己的战略。"

2. 用测评来提高团队绩效

2. 用测评来提高团队绩效

大多数经理人一样,你现在一定被淹没在一大堆统计数字里。财务数字、运营数据,还有一叠又一叠高高堆在办公室或存在硬盘里的报告、表格,等等。这样的信息超负荷随着企业使用 ERP 系统而更加糟糕,因为 ERP 系统提供的实时数据更新瞬息万变。绩效测评咨询师马克·格兰汉姆·布劳(Mark Graham Brow)正在为一家电信公司做咨询,他报告说,这家公司希望经理人每周处理 100 页到 200 页数据。而其他公司甚至要求得更多。

数据并不一定会威胁到公司的存在。事实上,只要你懂得怎样整理数据和使用数据来提高业绩,它会成为强大的业务管理工具。根据近期对绩效测评各方面的深入了解,我们建议经理人实施以下五个关键步骤。

找出重要的数字

每个业务部门只需要关注几个关键指标。指标一多,员工很快就会晕头转向——要么开始想法证明任何看似有助于提高一两个指标的行动都是有道理的。人事部只要关注找到合适人选需要的时间或工作交接速度。而产品研发团队则要和计划相比较,关注开发成本和产品上市时间。每个业务部门都能找到自己的关键指标。你要做的只是问问以下这些问题:

根据公司愿景和需求,我们部门的目标是什么?

你要分析公司今年的情况和战略目标。公司重点抓的是利润增长、提高市场份额、降低成本,还是推出新产品?每个部门都有为目标作贡献的方法。这样的话,你设的小目标就会因为和公司大目标相关联而更有意义。要是公司已经采用了平衡计分卡或其他类似的系统来明确目标设定,那么以上流程就很容易操作了。不过,即使没有那样的系统,一个健康的公司里经理人一般也都会知道公司的战略重点,然后就能据此选择关键指标。

只看重一个指标会带来什么后果？

布朗把只看重一个指标的行为称为"小鸡效率"（Chicken Efficiency）测试。快餐行业的很多指标都只是嘴上说说而已，然而高级经理人却把一个指标看得很重，那就是一天餐厅要扔掉多少只鸡。之后发生了什么呢？一位餐厅经营者说，这个指标让他们容易达到"小鸡效率"的目标：在有人点鸡之前不要炸它。顾客可能因此要等20分钟才能吃到，也可能今后再也不光顾这家店，不过你却知道了一天能卖多少只鸡。这个故事的寓意是：一个指标听上去可能很不错，然而你需要知道的却是它会带来的后果。你看中的指标很有可能是错的——或者在浩如烟海的指标里只选对了一个。

我们在检查落后指标的同时有没有检查主导性指标？

财务结果（或绩效—预算数目）是所谓的"硬"指标，由美元校准，它总是有意义的。可问题在于，这些指标拖了业绩的后腿。它们告诉你昨天做了什么，上个月做了什么，却没法告诉你明天要做什么，明年要做什么。这时，你就要用到"软"指标（或"感性指标"）了，例如，顾客满意度和员工认可度等。Metrus集团总裁威廉·希曼（William Schiemann）说:"软指标通常是主导性指标,因为这些指标对财务绩效有极高的预测性。"对你的部门而言,软指标可以是工作完成量或内部顾客满意度调查,等等。今天追踪这些指标,明天你就少了对超预算状况的烦恼。

钻研因果关系

选出关键指标后,下一个挑战是理解指标数字的含义。如果次品率突然开始上升,是表示我们收到的材料质量差了？还是说最近公司招进了新手？绝大多数有价值的数字本身就是其他数据的总结,所以你需要深入指标"探索"其构成部分才能看到导致数字变化的原因。

克里斯·豪（Chris Howe）是韬睿咨询公司（Towers Perrin）的咨询师。他正在为一个大型公用事业公司作调研。该公司遇到的难题是如何为提供特别服务降低成本。结果发现劳动力成本是最大的支出。因此有这个问题的团队罗列了与劳动力成本相关的各项内容:基本工资、加班费、福利、旷工、工作完成量,等等。把"劳动力成本"这个笼统的数字拆分开来,让团队能够找出降低成本的关键并攻克难题。

要是你的部门过于庞大,那么关键指标可以由一系列内容组成,一块内容可以分别让一个团队负责。例如,销售部门的整体目标是总收入、总利润和销售成本。这些目标就是部门内各团队目标的加总。如果总的指标数字和预计的不一样,你很容易就可以把它分拆到各团队中去研究问题的出处。

文瑞特工业的"不平衡计分卡"

一走进文瑞特工业(Wainwright Industries)工厂的"任务控制室"就能看到墙上的五块板,每块板上写了一组绩效测评指标。厂长迈克·西姆斯(Mike Simms)说:"这些指标并不平衡,但是却是我们的首要指标。做了第一组指标后,后面的几组也会跟进。"以下就是这几组指标,其重要性从高到低排列:

安全,不仅要看无事故工作日的天数,还要看提高仓库管理水平和员工针对安全提出的建议数量等软指标。(文瑞特工业有记录的事故自1991年以来下降了85%)。

员工投入程度。员工投入程度的一个指标是每位员工提出的改进工作的建议数量;公司平均每人每周贡献1.25条建议。其他的指标还有员工对"内部供应商"的满意度,其中既包括经理人,也包括信息管理、采购等支持性部门。西姆斯说:"员工有机会每三个月为经理人打一次分。"

顾客满意度,通过定期的报告卡对此进行测评,通过顾客对公司的四大关键领域的绩效,以及货运及时等内部指标进行测评。

质量。西姆斯说:"在文瑞特,质量只排在第四位。"然而,其实该公司 1994 年荣获了布德里奇美国国家质量奖(Baldrige Quality Award)。

业务绩效,包括销售额和净利润两部分。尽管文瑞特处于板料冲压、机械部件和零件制造这一竞争激烈的行业中,它过去五年的销售额和净利润依旧直线上升。

每一块板上都有一面红旗或绿旗,一目了然地显示了公司有没有达到目标。板的反面则是各种图表和数据。员工会看这些信息吗?西姆斯的回答是肯定的:"这里是培训室,员工一直会到这儿来。"同时,经理人每三个月和员工探讨一次指标。"我们温习要达到的目标,了解现在的情况,以及每个人能做些什么从而帮助公司得到更好的表现。"

目标设定要切合实际,不要含糊不清

毫无疑问,没有目标可循的指标是没有价值的。然而,缺乏有意义的目标,指标也是没有价值的。公司设定目标时往往只是简单地根据上一年的绩效情况往上加个 5% 或 10%。然而,他们设定的有弹性的目标最后却如空气般空洞。[你很容易就能发现这些目标,布朗在《保持成绩》(*Keeping Score*)一书中说:"因为他们老是用 10 或 100 等漂亮的数字",例如,"产品质量提高 10 倍"。]布朗倡议根据以下几条内容设定目标:你自己过往的绩效表现、竞争对手的表现、行业翘楚的表现、自己公司的实力(有了必要的资源后你能达到目标吗?),以及员工和供应商的投入。"竞争对手"的定义也应该定得更宽泛一些。人力资源或 IT 部门这样的职能部门可以比较自己提供服务的费用和外包服务所需要的花费,再据此设立目标。

我们会在下面详细地讨论员工投入性的要素。毫无疑问,在设定目标的过程中人们的参与度越高,他们越愿意努力达到目标。不给出任何理由从上面压下来的目标很少能激励员工。即使有理由,这样的目标也不见得一定能激励员工。而由团队一起发展、员工充分了解其重要性的目标则最能激励他们。

学会预测（进而管理收益）

经理人的基本工作就是检查公司是否完成了目标。好指标的价值就在于让你全程引导绩效表现。然而，即便是对数字最敏感的经理人也会发现他们自己对数字的反应是被动的，仅仅关注昨天发生的一切，而不是主动地预测明天将会发生什么。能帮助经理人长期关注当下和将来的最有力的武器是定期而有原则的预测。在每周或每月一次的预测会议上，典型的开场是评估部门目标的进展。而后就转为预测接下来一周或一个月的情况，看部门能走到哪一步。这个流程让人们讨论将来的活动，找出方法处理可能会出现的意外。假设你负责客服部门，已经关注了处理投诉的平均时间、投诉反映到高层的数量等关键指标，也已经为提高绩效设下了目标。然而，如果你所做的只是检查这些数字，面对不够好的业绩就只能说"我们要做得更好"或"我会看看能做些什么得到更多的资源"。与之相反，如果你对绩效进行预测——预测一周或一个月后可能出现的数字，你会被迫提前作出反应，从而保证将来出来的数字和预测的一样。而要是人们都参与到预测里，那么每当遇到意外障碍时，你都能够通过头脑风暴找出解决方案。

预测并不难,尽管每个人听到"预测"两字的第一反应都是"我们怎么可能预知未来呢?"历史数据提供了估计值,对于未来事件的分析也有助于预测。那之后,预测就要靠练习了:预测得越多,得到的结果越好。如果团队要把预测值误差控制在5%以内,也很快会找到解决方法的。

追踪数字的工具

有效的绩效测评系统易于被人理解,易于沟通,也易于使用。文瑞特工业追踪五组指标,每组都有不同的目标,并且使用绿旗和红旗显示有没有达到目标。其他公司开发出成长记分板或所谓的执行仪表板。以上所有例子都说明可视线索和图表让人一目了然看清绩效情况的重要性。至少一家叫 Heath Corp. 的咨询公司业务蒸蒸日上的原因就是因为帮助客户围绕关键指标设定目标,创造了 18"×24" 的财务图表显示每一个指标数字,然后在每月一次的会议上引导客户的团队分析绩效进展。

最新的工具是软件系统。软件系统追踪关键数据,提供经理人(或经理人和员工)观察指标的简单途径,只要鼠标轻点就能洞察一切。软件市场领跑者之一的 Panorama Business Views 开发的软件以总结或报告的形式提供数字信息,并附有彩色图标说明与计划相关的业绩(或所设的其他指标)。点击数字后会看到数字的来源和难点所在的位置。

其他软件供应商包括Gentia Software PLC、Show Business Intelligence、TheSoft Bicycle Co.和CorVu Corp.。不是每种软件都适用于任何公司的。"它们各有千秋",Metrus集团总裁威廉·希曼说,使用这些软件也可能昂贵又费时。尽管如此,还是有不少公司最终不但尽量收集数据,还对数据进行管理、沟通,使数据有助于工作繁忙的经理人大幅提高所在部门的绩效。

不要只使用一个指标

"团队"、"员工投入度"等词已悄然出现在文章各处,可能会让你觉得让员工参与设定和引导自己的目标是个绝好的主意。没错,"要让最需要行动力的员工参与确定测评指标和目标"是希曼建议的。但是要记住,团队计分卡和其他关键指标只有和大的战略目标联系起来才有意义。明确目标对公司业务重点的意义,那么员工对目标没有异议。否则,他们会遇到麻烦。

高效员工投入的一个关键是简明地传达指标数字。不厌其烦地重复，直到员工理解那些数字。而第二个关键则是定期开会温习这些数字。希曼说："必须要召开战略会议，公开所讨论的计分卡问题。同时你也要顾及数字背后的含义和需要放在首位的问题。"这样的会议确保每个人不但知道得一样多，还保证每个人都知道他们需要做什么。

让团队引导关键数字，并学习完成目标的方法后，你马上就会发现部门业绩的提高——降低甚至完全没有额外成本。然后，你就能从办公桌上积满灰尘的大堆报告中解放出来啦。

参考阅读

Case Studies in Strategic Performance Measurement：*A Council Report* edited by Ellen S. Hexter（1997，The Conference Board）

Harvard Business Review on Measuring Corporate Performance（1998，Harvard Business School Press）

Keeping Score：*Using the Right Metrics to Drive World-Class Performance* by Mark Graham Brown（1996，Quality Resources）

Measurement in Practice，quarterly newsletter（The American Productivity and Quality Center）

3. 为高绩效做预算

3. 为高绩效做预算

许你刚刚完成了一个财务周期。如果公司没有财务年度的话,也许过程的尽头已隐约可见。不管一个财务周期何时结束,"预算"这个恐怖的字眼总有一天会出现。

没有人会喜欢制定预算这件活儿。"在零售业里,往往预算还没做完就过时了。"一位英国大型零售连锁企业经理抱怨道:"可是,我们依然得在这上面花了大量时间和资源。"其他行业的经理人也响应了这种说法。表面上看来,预算是浪费时间、毫无生产力的工作。

然而,当你再次陷入预算中时,不妨换个角度想想——预算可以是进行预测、计划和调动员工积极性的有力工具。事实上,预算甚至能帮助部门激发员工的工作热情。几家有成功经验的公司已经发现,看法的转变有两点很关键,一是重新组织预算流程;二是重新思考预算的用法。

预算的局限性

作为必要的背景知识,你需要了解预算的局限性。传统预算是早期工业时代遗留下的产物。在那个时代,高层管理人员的主要工作是资本管理,并确保公司能够收回固定成本。传统预算反映了这个目标,也反映了当时的纵向管理风格。信息从下往上传递,而决策自上而下传达。预算流程帮助高级执行官分配资源,以预算衡量绩效,监管公司全年财政目标的进程。预算咨询师杰里米·霍普(Jeremy Hope)称这样的预算为"等级森严的信息高速公路"。

尽管这样的预算在发展缓慢、等级森严的公司里是不错的资本管理工具,在今天的经济社会里,它却存在三大致命缺陷。

- 预算本身不会帮助公司关注当今商业的绩效驱动力。创新速度、服务年限、质量以及知识共享这类重要指标不能轻易地被估出预算额。
- 预算中每个员工的价值都是一样的——就像成本一样。然而经理人都知道,在决定部门业绩时员工的才能和工作热情比薪酬更重要。而在这两项指标上,预算完全起不到作用。
- 传统的纵向预算流程信息流把公司划分成一块块业务部门。霍普注意到,"经理人只看自己部门的内部流程,而不会想到去了解部门外发生了些什么。"

预算的问题十分严重,一些公司已经在想办法彻底根治这个问题。霍普是"超越预算"圆桌会议的领导人之一,一些欧洲公司创建了这个圆桌会议,旨在找到方法废除现有的预算体系,取而代之以别的体系。然而,至今它们还没有找到有效的方法。该会议由国际高级制造业协会(Consortium of Advanced Manufacturing – International/CAM-I)赞助,参与的企业有沃尔沃(Volvo)公司和美国斯伦贝谢(Schlumberger)公司等。

与此同时,其他公司也在寻找办法减轻预算的痛苦。它们没有废除整个流程,而是重新考虑流程背后的某些设想。这种方法的效果不像圆桌会议可能带来的效果范围广,也不能解决预算中所有的问题,但是它有一个很大的优点,即你自己就能完成绝大多数工作,而不用等待管理高层来决定是否需要改进预算方法。

这种方法可以归纳为六点:

预算从战略目标而不是从数额开始

传统预算流程从去年的预算数额开始：以去年的数额为基数，再进行加减。而更好的方法是从部门的战略目标开始制定预算。罗列目标不仅提供了讨论框架，还有助于减少预算中典型的反复无意义的修改。ICMS Inc. 的汤姆·普雷尔（Tom Pryor）说："我听到很多人抱怨高层一直在预算流程里提些傻问题，这说明高层手里的信息已经过期了。他们会问，根据明年的差旅费预算你会出差几次。其实他们应该问的是'有了我们划拨的资金，你打算做什么？'明确战略目标让高层能够看清重要的任务。"

检查部门目标是否和公司目标一致

部门目标当然要和公司目标保持一致。假设你是CIVCO 医疗器械公司的经理人。公司总裁查尔斯·克拉森（Charles Klasson）提出，今年公司希望税前收入能增长 18%。公司建议把扩大七家业内主要代加工企业的销售额作为工作重点。这七家公司占了全球市场90%的份额。因此，如果你是销售部的经理人，就不要指望得到多少钱来开发新客户了。而如果你是制造部的经理人，那么我打赌你能得到资金用于把次品率降

低到百万分之三点五以下，以符合像西门子这样的大客户的要求。

若高层没有明确下达过公司目标，那么你就制定自己的目标——然后询问高层这个目标是否符合公司愿景。优秀培训指导咨询公司（Great Game Coaching）总裁比尔·福驰（Bill Fotsch）建议说："向高层描述你拟订的目标的制胜点，用数据告诉他们，我们今年如何能赢。然后问他们，你定的目标是不是符合公司的目标。"

高效预算提醒

如果你希望预算能成为制订计划和团队建设的工具，那么就需要制定策略方案。即使你刚刚做完本年度预算，现在开始考虑明年的预算也不算早。事实上，这样做的话，你的预算要求更有可能获得批准。以下是需要记住的几点。

预算周期开始前：

- 如果刚当上经理人，你就要尽快熟悉公司的预算流程。
- 花点时间学习和了解公司优先考虑的目标，并帮助自己的团队对此也有所了解。确保预算要求和公司高层设想的目标相符。

- 不管如何定义，要计算出你的部门每项产出的成本。
- 开始收集各种可能会用到的信息，比如说你的团队如何比较提供同类产品和服务的其他来源。
- 帮助团队成员了解预算。寻找志愿者来研究预算项目。

预算周期进行中：

- 先起草一份预算要求，估计成本和产出。如果预算和高层的设想不符，应当想办法调整预算。
- 如果需要降低成本，先要找出可以为生产活动增值的项目，分析每个项目的成本，并且降低不可增值项目的成本。
- 向高层表明预算为公司带来收入的方法。换句话说，你的预算不该是向公司要求拨款，而是一个建议，显示了你将如何帮助公司实现目标。

将预算和绩效驱动力联系起来

预算仅仅是财务数字，衡量不了质量、运营速度等绩效指标。所以达标情况要从预算中独立出来考虑。然而，预算过程通过明确每一笔预算支出应获得的业绩而将财务数字与绩效联系起来。

整个团队一起做预算

老式的预算方式只同经理有关。经理一个人列出预算数字，一再修改数据表，最后证明预算要求的合理性。同这样的预算方式相比，更有效的方法则是把做预算变为一项团队建设工作，从而在预算中建立"责任制"。超级旅店（Supertel Hospitality）是一家拥有63家连锁酒店的公司。在那里，每个人都参与年度预算计划。即使是低级别的员工也被指派了一定的预算工作。比如说，在很多连锁店里，清洁工需要负责来年床单和其他产品供应的预算。职员不仅相互合作，还要和管理层合作，一起找出降低成本的方法。公司首席执行官特洛伊·贝蒂（Troy Beatty）发现这样的流程不仅让公司离职人数减少了，还增加了利润。

将预算公之于众

预算完成后，很多经理人就把它锁进文件柜了。而更好的办法则是把预算贴在墙上，让团队成员使用预算测评工作进程和工作成就。Seton 鉴别技术（Seton Identification Products）是贝迪公司（Brady Corporation）的一个分支。在 Seton，很多员工各自负责一部分预算。管理层每个月和这些员工一起回顾财务情况。这促使制订预算计划的人去追踪和管理工作进程。培训发展经理希拉·巴克利(Sheila Buckley)说："我必须精准地预测每个月要花的费用,以及资金的去向。然后到了月末,就要向上层汇报实际的花费。"

解释薪酬

有些公司会在员工达到预算目标后给他们发放奖金。你可能没有权限这么做——但这并不意味着员工就得不到奖励。"让员工承担一定的责任,给他们提供机会学习管理技能本身不正是一种奖励吗?"巴克利说。到了晋升的时候,学习新技能可以帮助员工获得机会。这还给他们原本平凡的工作带来了活力。

员工真正参与进去后,你会发现他们更有动力制订预算了。鲍勃·雷科扎(Bob Reczka)对此很有经验。他管理 TELUS 通讯公司的运营服务部。该部门的一个目标是降低求助电话的成本。他让工作在第一线的接线员负责这部分预算。操作员学会了预测接入电话的数量,计算不同种类电话花费的时间和成本。他们还根据要求想办法降低成本。结果令人难以置信。员工已经把成本削减了 10% 还多。

雷科扎说:"鼓励员工参与决策,这本身就是一种收益。"

参考阅读

Essentials of Business Budgeting by Robert G. Finney (1995, American Management Association)

Consultative Budgeting: How to Get the Funds You Need from Tight-Fisted Management by Mack Hanan (1994, American Management Association)

Transforming the Bottom Line: Managing Performance with the Real Numbers by Tony Hope and Jeremy Hope (1996, Harvard Business School Press)

4. 指标和启示 | 评估知识型员工绩效的五个关键

康斯坦丁·冯·霍夫曼

4. 指标和启示
——评估知识型员工绩效的五个关键
康斯坦丁·冯·霍夫曼

以生产为核心的经济中,评估大部分员工的业绩相对来说比较简单:只要把员工生产的零部件数量同预定指标或员工以前的业绩作比较就可以了。但是如果员工是服务台接线员或产业市场分析员,那么就没有那么简单的指标去衡量他的业绩了。

鲁迪·拉格尔(Rudy Ruggle)是安永商业知识中心总监,他说随着工业经济向知识经济转型,评估员工业绩不但更难,而且也更重要了。在工业经济时代,公司最重要的任务是制造机器和工业产出。而今天,公司所创造的最有价值的部分却是知识型员工。

了解员工绩效表现一直以来都是很需要的,不过无形资产占的比重"迅速上升"。拉格尔说:"员工的知识越来越重要,很多人意识到,'我应该要考查这个指标'。"得克萨斯大学奥斯丁商学院的汤姆·达文波特(Tom Davenport)教授同意这个观点,他还补充了该领域的学者都提到的一点:"评估工具有很多,但没有哪一个是经过试验证明有效的。"

尽管如此,评估知识型员工的业绩还是有一些方法的。大致上包括采取系统的手段探索(创意价值、顾客定义和公司文化本质等)普遍问题。

为创意加上价值

员工如何为公司增加价值?你当然会说,员工通过自己的创意为公司增加价值。而众所周知,创意就是公司的血液。可是,创意又如月光般不可触及,且稍不注意就消失不见。拉格尔问:"提出了多少创意真的很重要吗?一个员工想出了100个点子,只有10个有用。另一个员工想出了20个点子,也有10个是有用的,而且其中还有一个真正能制胜的创意。那么,这两个人谁更有价值呢?"

商业流程里任何事情的最终目的都是为了顾客。因此,要决定一个创意的价值,先问问它会被卖给谁。这个问题简单,却意义深远。

首先,想想"顾客"的广义定义。内部顾客和外部顾客的重要程度相等,能够帮助公司内部人员和部门提高工作效率的创意和能够提高销售额的创意价值相当。公司财务部和客服部服务的人群显然不一样,但是这两个部门对公司的成功同样重要。

而接下去的步骤很有难度——找出各领域的负责人。有没有本身很有创意的人才？有没有懂得运用他人创意的人才？这两种人都很有价值，但评价他们的标准应该是两样的。拉格尔问："你怎么知道创意何时能有用武之地？人们常常因为一些幼稚的理由不怎么重视自己使用的创意。"为了阻止这种趋势，他提倡"在知识资本上创造一个明确的市场"。

一家公司的电话咨询台为拉格尔的说法提供了依据。当有电话打进来，而接电话的员工无法回答问题时，他就通过电脑发短消息给咨询台其他员工。而回答出问题的员工会得到相应积分。拉格尔承认，这种方法可能会让员工只看重回答的数量，而不顾质量，但这样做"使得问题以一种十分经济的方式得到了解答"。

拉格尔在安永的部门也使用了类似的电子知识账户。员工往账户里存入知识，然后能得到积分。这个系统有助于了解员工思考的内容。他希望系统最终能帮助经理人了解哪个人在工作中"引用"了别人的知识。而这样反过来又能帮助经理人开发出一张公司知识地图：地图中详细注明了公司里谁是哪个领域的专家，而谁又能帮助你解决某个特定问题。

知识有很多种表现形式，
不是所有的知识都唾手可得

评估知识型员工的业绩时，注意不要只看明显的、短期的结果。拉格尔认为，能创造价值的创意有两种：一种增加知识，一种提高公司声望。两者同等重要。在无人了解的前沿领域，后一种创意可能看不出有什么好处，"但是我们的目的不仅仅要有内在的智慧，对外也要显得聪明"。拉格尔举了施乐公司（Xerox）帕洛阿尔托研究中心（Palo Alto Research Center，PARC）的例子来说明问题。在20世纪70年代，PARC开发了图像用户界面。现在，这种技术已经无所不在，而当时却只有苹果和微软最终直接从中获利。但是，这一技术还是大大提高了施乐公司的声望。直到今天，PARC仍然稳坐业界研究设备老大的位子。通过增加对顾客和员工的吸引力，声望最终成为了公司不可或缺的底线。

问对人和问对问题一样要紧

对经理人来说，压倒一切的任务就是找到和评估

能为公司带来价值的创意者。但是信息收集过程不能简化。不要在询问创意者人选时单单征求熟悉的经理人的意见,拉格尔和达文波特建议经理人全方位征求员工意见。

这样不但能让员工也考虑这个重要的问题,还能帮助经理人了解员工对自己工作的看法。管理学上有两条教义:一条是员工需要知道他们的工作职责。另一条则是经理人需要知道员工对他们工作职责的看法。达文波特说:"你需要问员工怎么看待自己的价值,而不要想当然地以为你知道问题的答案。"毕竟,员工对产出的知识价值的衡量通常取决于他们对自己工作职责的理解,而不仅是正式的工作职责描述。拉格尔问:"如果不知道员工对自己工作和贡献的看法,你又怎么能评估他们对公司的贡献呢?"

为不同工作量身定制工作指标

威廉·希克(William Schick)在一家电脑咨询公司工作。他位于接收知识型员工评估方法的终端。希克既当咨询师又做销售员,他说:"过去,公司只看销售利润的多少,而现在不但要看销售额,还要看你写了多少页系统文件。"

尽管这样的改变初衷是为了不把主观因素带入绩

效考核,但希克不信这能行得通,"最终还是要看你和经理人的关系。"他继续说道,"做评估需要的是测评公司所需的因素,加上别人对员工的看法。"因此,他是360度反馈评估法的拥护者——360度评估法包含了经理人、同事、下属,以及顾客等所有人的反馈。

可是,即使360度反馈法为员工的工作状况提供了更全面的信息,仍然没有一个单一的指标适用于所有知识型员工。评价咨询师要看他在行业内人脉广不广,深不深。评估分析员则要求他尽量保持客观的态度,不要因为某些人际关系带上有色眼镜。而对于证券交易员来说,不按底线基础来评价他们是完全不合适的。所以,任何指标都要按行业和具体工作来定。而希克相信,难以做到这点解释了为什么那么多公司现在由团队成员决定评估手段和奖励,依靠同事的压力确保员工做到最好。

了解企业文化

要充分评估员工就要了解业绩后面的企业文化。这一点尤其适用于对知识型员工的评估。相比金钱而言,他们更易因为有持续的学习机会而受到鼓舞。

公司的行为模式是怎么样的?公司认为重要的是什么?哪类人会受到欢迎或不受欢迎?SHL国际人力

资源咨询公司高级咨询师史蒂夫·亨特（Steve Hunt）说："关于公司文化的疑问越来越普遍。世界上没有完美的企业文化，但是你要了解自己的优缺点。"比如说，在你的公司，什么会受到奖励？不是创新或发展，而是工作效率吗？

　　希克说，虽然他的公司需要员工随时跟上业内知识的发展，却从不给员工这样做的机会，也没有奖励。于是，达文波特也不会惊讶于员工不满情绪的日益增加。他引用了对开发者的调查结果，结果远非很多经理人想象的那样，开发者更容易受到学到的知识的鼓舞，而不是看挣了多少钱。在紧张的人才市场，发现和抓住有价值的人才是在业内立足的关键，这样的信息弥足珍贵。

　　达文波特说，知识型员工喜欢处于业内领先位置。要是你的公司不鼓励这么做，那么惩罚没有跟上发展的员工就太蠢了。而你也不必因为看到渴求知识的员工离职而惊讶不已。

　　思考企业文化时，考虑一下你要它反映和奖励的价值观。而奖励也不光是钱。达文波特总结道："我们要清楚，最有价值的东西是学习能力。"除了评估知识型员工的闪光点，发现和奖励服务于战略目的的学习能力应该成为任何一种评估体系的基石。

参考阅读

Intellectual Capital: *The New Wealth of Organizations* by Thomas A. Stewart (1997, Currency/Doubleday)

Working Knowledge: *How Organizations Manage What They Know* by Thomas H. Davenport and Laurence Prusak (1997, Harvard Business School Press)

第五部分 让360度反馈评价法产生价值

你已经决定把360度反馈评价法引入员工绩效考核了吗?或者已经在用它了,想提高使用效率吗?不管怎样,你都希望可以让这一备受争议的考核工具产生最大的价值——360度反馈评价法不仅从经理人,而且从同事、下属,(某些情况下)甚至从顾客和供应商那儿收集对员工的绩效反馈。

这部分文章将告诉你挖掘360度反馈评价法最大价值的方法,包括明确想要达到的目的(例如,要创建更加开放的公司文化等),增加含有实质性评价的打分,以及把360度反馈评价法作为专业发展工具,而非薪酬和晋升的决策工具,等等。

1. 该不该用360度反馈评价法考评绩效

爱德华·普鲁伊特

1. 该不该用360度反馈评价法考评绩效

爱德华·普鲁伊特

你很可能已经了解了360度反馈评价法的基本概念：不但要从经理人那里，还要从同事和下属那里收集对员工绩效的反馈。或许是因为这方法看上去非常适合当今团队和以平铺型组织为特征的时代，大多数财富1 000强公司都使用了360度反馈评价法。

可是很多公司仅仅把这种方法当做团队建设和管理准备等发展工具。而现在，有一些公司正试着使用一种有争议的方法将360度反馈评价法引入绩效考核，把多重考核和薪酬、晋升等关键决策联系起来。

多渠道反馈论坛（Multisource Feedback Forum）是一个已有六年历史的跨行业大型组织非正式国际协会。该论坛的发起人之一，壳牌石油人力资源公司内部咨询师卡罗尔·蒂姆瑞克（Carol Timmreck）说："我们听到最多的争论就是要不要使用多渠道反馈进行绩效考核。"目前，对这个问题的回答众口不一。1994年，有15个会员公司使用了360度反馈评价法。最近的一次调查显示,已有七家在1997年之前放弃了这种方法。而协会其他一些公司则在同一时期开始使用多渠道反馈,另外还有一些公司正准备这么做。

以下是把360度反馈评价法延伸到绩效考核的原因。今天,大多数员工要和很多人一起工作,经理一个人根本无法精确地评估他们的贡献。北方信托公司(Northern Trust Company)企业服务分公司(Corporate and Institutional Services)人力资源部高级副总裁凯西·阿尔曼尼(Kathy Almaney)说:"经理人很少有机会观察员工工作,因为员工大部分的工作都不在经理人眼皮底下进行。所以在传统的绩效考核中,经理人没什么可谈的。360度反馈评价法能带来更多的观点和看法,我们对此很感兴趣。"然而,如果这种方法不奏效,则会浪费大量时间和精力。因此,公司希望把员工个人行为和公司目标联系起来。在以团队合作和响应客户为重点的办公室,360度反馈评价法允许团队成员直接评价同事有没有成功地完成任务。

但有些人认为360度反馈评价法是有风险的。尤其是因为这种方法在人类等级观念、自我保护和热衷报复的天性面前显得那么幼稚。"360度反馈评价法的反对者相信,这种方法违反了人类安全心理的原则,当向一个人传达刺耳的信息时,这种心理必定会出现。"创新领导力中心(The Center for Creative Leadership)的研究者马克辛·多尔顿(Maxine Dalton)在评论360

度反馈评价法的一篇文章中那样写。换句话说,给老板或同事坦白的评价让人非常不舒服。创新领导力中心最近出版了一本关于360度反馈评价法的书,沃尔特·托纳(Walter Tornow)是该书的主要作者。他说:"从以360度反馈评价法为发展工具,到以它为决策和绩效考核工具的过程中,需要员工对公司的信任和公司的各种准备。然而很多公司现在还没准备好。"

那么你的公司准备好了吗?让我们来听听用过360度反馈评价法的公司和咨询师们的建议吧。

先作为内部发展工具来使用360度反馈评价法

要是公司以前没用过360度反馈评价法的话,最好先把它单纯地作为员工个人发展和成长的内部工具来使用。瑞森公司(Listen Inc.)副总裁戴安娜·欧文(Diane Irvin)说:"360度反馈评价法彻底改变了反馈方式。很多人一想到自己不但要由同事评估,还要被下属评估就开始害怕。"瑞森公司是一家成立了10年的咨询公司,擅长帮助企业开展360度反馈评价法。戴安娜·欧文说:"如果首先作为绩效成长工具的话,360度反馈评价法能帮助员工配合组织的工作。"

建立典型的360度反馈评价法至少需要一年的时

间，通常要好几年之后才能真正把这种方法和绩效考核联系起来。蒂姆瑞克说："我们建议先花一年时间让员工熟悉360度反馈评价法。"马克辛·多尔顿研究的一个主要制造商用了360度反馈评价法两年都没看到任何改变，直到第三年，该方法才扎根于组织，开始被视为公司机能的一部分。

以一个部门为试点

托纳建议先在一个最适合的部门实施360度反馈评价法。北方信托公司实施360度反馈评价法两年来，这种方法逐渐扩大到其他部门。现在，公司7 500名员工中已有1 300人在使用它了。

把360度反馈评价法和明确的公司目标捆绑在一起

像360度反馈评价法这样非传统的方法绝不能随意乱用；必须要有一个众人皆知的重大商业理由在背后支持它。托纳说："创建360度反馈评价法的第一步是要弄清楚公司为什么要用它——想改变企业文化？还是增强绩效管理体系？但愿不是因为某个人不知从哪儿得知了360度反馈评价法，而贸然开始使用。"

培训参与360度反馈评价法的所有员工

瑞森公司的培训环节包括所有可能参与反馈的员工。公司要处理的问题包括保密性、数据质量、查看合成报告的人，以及使用报告的方法。研究总监里姆·尤克斯（Rim Yurkus）说："信任是得到准确数据的关键之一。"而多渠道反馈论坛另一发起者，亚特兰大的咨询心理学家戴维·布拉肯（David Bracken）认为："通过培训我们能鼓励人们给出诚实的答案。"

成功使用360度反馈评价法提示

根据在多渠道反馈论坛的研究结果，卡罗尔·蒂姆瑞克和戴维·布拉肯总结了11条创建和维持360度反馈评价法实施的经验：

- 确保组织内360度反馈评价法的资助者清楚使用该方法的目的
- 确保资助者了解流程设计决策的含义
- 选一个试点部门
- 打分者和受评者都要接受培训

- 培训经理人使用收集的数据作决策
- 频繁、透彻地交流实施进程
- 打分者对他们的评分应该负责
- 让打分者参与反馈和行动计划
- 执行后续跟进流程确保不会出现问题
- 为培训、咨询和技能发展提供足够的资源

组织外部的咨询师可能在流程的某些环节上会有帮助；他们能再次向打分者和受评者保证反馈是公正合理的。

阿尔曼尼的经验则是经理人是成功的关键。"360度反馈评价法用得好不好完全取决于经理人。他们把这视为有建设性的流程还是惩罚性的流程？我们发现经理人不能只收到报告，然后就和员工坐下来谈话。我们有一些培训会教你如何使用360度反馈评价法。人的天性会让我们一下子先看到报告里消极的一面，所以我们训练经理人把注意力放在积极面上，那才是真正能提高绩效的地方。"

后续跟进措施

360度反馈评价法的反馈不应该在得出报告的时

候就结束,恰恰相反,反馈后还要有行动计划帮助改善现状。蒂姆瑞克说:"如果没有经理人同意正式行动计划,员工完全可能误读反馈的结果,错误地发展个人计划。"布拉肯认为行动计划既要和公司奖惩挂钩,也要和反馈结果相符。"重点在于责任制。受评者是不是有责任在得到反馈结果后做些什么?如果他们没有这个责任的话,就会无视结果,继续走老路。"

不要在充满怀疑和恐惧的氛围里尝试360度反馈评价法

阿尔曼尼警告说:"在报复性和惩罚性的环境里,没法实施360度反馈评价法。"欧文认为瑞森公司不会和一个正在缩小规模的公司合作,"在那种氛围里,人人觉得自己的位子岌岌可危,他们会对360度反馈评价法产生抵触情绪。"

事实上,要想360度反馈评价法得以有效实施,公司拥有鼓励学习和个人成长的企业义化是很有用的。摩立特咨询公司(Monitor Company)的高级咨询师、反馈项目专家杰米·希金斯(Jamie Higgins)说道:"一个经理人想马上就收到360度反馈评价,然而在过去一年中,(1)他从没要求过反馈,(2)从没根据反馈结果采取相应措施或没有认真地看待反馈结果,或者(3)人们觉得自己会受到报复性打击,那么当我们开始创建反馈项目时,人们就会产生不信任和恐惧感。除非公司拥有积极的氛围,"她继续说道,"不然360度反馈评价法没有多大的价值。"

参考阅读

"Using 360-Degree Feedback Successfully" by Maxine A. Dalton (*Leadership in Action*, winter 1998)

Maximizing the Value of 360-Degree Feedback by Walter W. Tornow, Manuel London, et al. (1998, Jossey-Bass Inc.)

"Multisource Feedback: A Study of Its Use in Decision Making" by Carol W. Timmreck and David W. Bracken (*Employment Relations Today*, spring 1997)

"Don't Tie 360 Feedback to Pay" by Dennis E. Coates (*Training* Magazine, September 1998)

"Working Smarter: Reforming Employee Development," a video toolkit based on the writing and research of HBS professor David A. Garvin (1997, Harvard Business School Publishing)

360-Degree Feedback by Mark R. Edwards and Ann J. Ewen (1996, American Management Association)

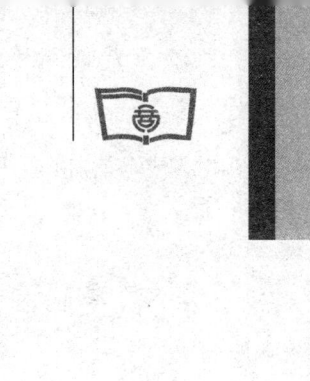

2. 打分游戏　改进360度反馈评价法以提高绩效

劳伦·凯勒·约翰逊

2. 打分游戏
—— 改进360度反馈评价法以提高绩效

劳伦·凯勒·约翰逊

在职业发展领域赢得一席之地后,360度反馈评价法——一种包括了上司、同事和下属对员工绩效的反馈,提供宽泛观点评价员工优缺点的方法——已经悄然出现在越来越多公司的绩效考核流程当中。然而,一些公司发现,虽然以同事打分为基础的考核方式让360度反馈评价法成为如此受欢迎的职业发展工具,但是同样也可以成为绩效考核的一处致命伤:大多数人对于拥有支配同事的力量有着深层次的矛盾心理。

很多撰写360度反馈报告的经理人常常犹豫该不该批评同事,尤其当这关系到升迁机会的时候。有些经理人甚至担心打分泄露后负面的反馈会让自己和同事关系紧张。因此就出现了进退维谷的局面。前通用电气CEO杰克·韦尔奇(Jack Welch)在《杰克·韦尔奇自传》(*Jack: Straight from the Gut*)里写道:和任何涉及同事间评估的措施一样,(360度反馈评价法)实施久了就会走样。通用的员工开始为彼此说好话,于是人人都能得到好分数。从坏的一面来看,怀恨在心的人也能利用这个机会丑化同事。而最后,这让很多经理人害怕自己被牵扯进360度反馈评价法,不管他们是被评估者还是评估者。

那么,使用360度反馈评价法作为绩效考核方法是不是一个错误?有些专家的回答"是",360度反馈评价法应该退回到职业发展上。然而有人不同意这一观点,他们认为,公司可以改进这一绩效评估工具,让它不仅鼓励直接和诚实的年度考核反馈,还能满足各类机构的具体需要。

从发展到考核

我们不难看出使用360度反馈评价法的诱惑所在。毕竟,与传统的老板一个人考核业绩相比,360度反馈评价法让经理人的绩效考核全面了很多。正如金卡·托格尔(Ginka Toegel)和杰伊·康格(Jay A. Conger)在"360度评估:到了重焕青春的时候"(360 Degree: Time for Reinvention)(Academy of Management Learning & Education,2003年9月)一文中指出的那样,既把该方法用作职业发展工具,又当成考核方

式的公司获得的更多。此外,两位作者还指出,"在扁平型组织机构里,考核和晋升已经不存在紧密的关系了,这正侵蚀着传统绩效考核方式中有意义的部分,并导致了对考核流程的不满不断上升。"那么,还有什么能比利用手头现成的有效职业发展工具更好的方法来解决这种不满的呢?

然而,公司在积累使用360度反馈评价法第一手资料的同时也遇到了不少麻烦。一方面,得到被曲解的反馈浪费了花在调整和使用360反馈评价法上面的时间和金钱;另一方面,受考核者可能认为反馈是惩罚性的——而研究表明,惩罚能带来的改进远不如奖励和鼓励有效。托格尔和康格承认:"反对这种考核方式的人认为360度反馈评价法不应该只评估绩效,它还应该强化持续的学习和个人发展……使用360度数据的绩效考核让发展流程变成了潜在的惩罚,员工被迫而不是主动改进业绩。"

为了打消这些顾虑,托格尔和康格提出建立两个不同版本的360度反馈评价法:一个是为了职业发展,而另一个则是为了绩效考核。职业发展版应该更多地依靠定性反馈,而考核版则应该注重定量反馈。在考核版里,指标和可量化的绩效产出相关,例如,质量、数量和成本。另外,考核者还要指出个人绩效在多大程度上受到了诸如人员高流动率和投资损失等限制的影响。之后,受考核者能和他的上司一起讨论如何在今后解除这些限制。

而有些人认为使用360度反馈评价法完全是个错误。职场心理专家肯·克里斯汀（Ken Christian）说："像360度反馈评价法这样的工具成了一种时髦玩意儿，公司迫不及待地全盘照收，而没有考虑要从中得到些什么，也没有仔细考察工具的有效性。要是没有人问，'我们为什么要用职业发展工具来考核绩效？'那么事态会变得更糟。在360度反馈评价法里，不能匿名发表反馈意见，所以这只会变成弄虚作假的玩意儿，360度反馈评价法在职业发展上的好处也就不复存在。"

即使这样，来自于各行各业不同企业的执行官们还是在继续使用这种考核方法。而且，有些公司还创造性地将使用这一考核工具所固有的问题当成评估方式，并产生了很好的效果。想从360度反馈评价法中得到更多好处吗？试试下面几条关键原则吧：

反馈要建立在透明的评估标准基础上

一些公司已经发现，很多光有数字的评分只能得到毫无意义的信息。尤其是用来为沟通技巧或团队融合度等很难量化的管理质量打分的时候。然而，根据联邦快递人力资源运营支持部总监鲍勃·斯皮洛夫（Bob Speroff）的说法，发展量化标准是可行的。

斯皮洛夫的组织目前正通过公司发展出的一套独立的机制从经理人的上司、下属和同事处收集反馈。上司的反馈来自于传统的年度绩效考核流程。下属的反馈源自经理人领导能力调查表。而同级的反馈则来自于联邦快递管理层同事都知道的"内部客户"调查。所有的数据整理后和薪酬挂钩。

毫无疑问,同级的反馈产生了最尖锐的问题,因为同级的人通常不会提供最坦诚的评价。斯皮洛夫说,在满分为4分的评分系统里,得到平均分3.6是接近完美的业绩表现。然而,每个部门的商业业绩——特别是每股盈利——却并非如此。很显然,反馈和实际业绩之间存在着差异。

为了解决这个问题,斯皮洛夫的团队计划改变传统360度反馈评价法中同事反馈的组成部分。与其根据难以量化的标准打分,不如根据同事达到可量化的内部客户/供应商服务协议的程度相互评分。比如说,"我向一个内部客户(某个部门的副总裁)承诺,我们团队为她的部门招聘2 000个新员工,每一个花费4 000美元的招聘成本,而离职率将少于20%。这样很容易就能知道我有没有完成承诺。"斯皮洛夫解释道。

使用这种方法后,评估杰出绩效只有一个标准:经理人有没有兑现向内部客户的承诺?这样简化的方法能防止幕后交易和给出负面反馈对经理人造成的心理压力。

调整360度反馈评价法，适应企业需求

联邦快递的方法还说明了另外一个关键的原则：反馈工具要适应企业需求。在联邦快递的例子里，公司的计划并没有把以一概全的标准强压给经理人，而是由经理人和内部客户/供应商结对，根据服务协议制定业绩考核标准。而同事之间相互打分的依据就是他们自己订下的目标，这些目标成为他们能否在公司脱颖而出的关键。

弗兰西·多尔顿(Francie Dalton)是 Dalton Alliances 沟通与行为科学咨询所总裁。她认为让受评者参与指定考核标准能带来很大的好处。她说："这样受评人会觉得考核结果更真实。他们会更加主动投入——这是鼓励改进所必需的。"

有些公司和个人则找到了别的调整360度反馈评价法的点子。乔安·鲁布林(Joann S. Lublin)在《华尔街日报》上撰文写道，"去年年初，辉瑞的首席执行官亨利·麦金内尔(Henry McKinnell)把25个高级执行官对他的绩效评估贴在公司内部网站上。"这么做的目的是什么呢？就是让每位员工"了解麦金内尔的优点和缺点"。

品牌咨询公司 Reach 的创始人威廉·阿鲁达(William Arruda)鼓励客户引入组织外部人员的反馈——

比如顾客、商业合作伙伴、供应商，以及其他外部顾客。阿鲁达解释道："今天，商业上的成功更取决于组织外部而不是组织内部。来自组织外部的反馈提醒你外界人士印象的重要性。于是你就会像个隐形的团队成员那样和外界人士一起工作。"

多尔顿建议自己的客户把个人360度反馈结果整合到团队分数里。"这个方法在保护打分者隐私的同时仍然能够看出整个团队或部门的反馈结果。"比如，团队成员觉得整个团队有凝聚力吗？还是成员各自在背后恶意中伤他人？了解了团队的整体特点，各成员就能知道自己究竟在为团队作贡献还是拖后腿。

别在定性反馈上偷工减料

劳伦特·夏庞蒂埃（Laurent Charpentier）是福特法国客户服务部总监。他说，经理人对公司360度反馈评价法调查中定性或定量反馈比例的上升反应良好。经理人认为一切反馈工具只看量化的指标"太不人性化了"，定性因素加上去以后，经理人觉得反馈"有效得多了"。

托格尔和康格认为单有定量的反馈不能捕获到文字意见所能看出的细微差异。然而，他们也反对全盘采用定性反馈。相对，他们建议只有当360度反馈评价法作为职业发展工具时才把重点放在定性意见上。

这样,考核者需要提供定性反馈解释和证明调查表中每一项评估数字。他俩还建议把需要大量定性反馈的问题放在问卷开头,从而避免考核者产生"填表疲劳"。

阐明反馈工具的使用目的和结构

很多经理人发现,沟通使用360度反馈评价法的目的、拥有清晰明了的应用结构能提高该工具的效率。

在夏庞蒂埃的部门,每个要收到360度反馈的人首先会得到对评估目的的解释:评估的目的不是决定薪酬,而是帮助他们找到需要提高的地方。到了年末,经理人收到年度反馈,然后根据反馈定下明年的目标。而到了第二年,在年中、第三季度末和年末,经理人分别就需要改进的地方接受指导。

达夫·扬(Duff Young)是购物手推车制造商 Reh-rig International 的首席执行官。他认为,清楚地了解360度反馈评价法的目的是必要的。他曾看到过于谨慎的执行官一直压着不利的消息,负面反馈越积越多,然后一股脑儿全推给倒霉的经理人。所以扬现在鼓励执行官直接和有问题的员工沟通,解决绩效问题,而不要把360度反馈评价法用作避免潜在冲突的工具。

创建信任和坦诚的公司文化

很多执行官都认为成功使用360度反馈评价法要建立在信任和坦诚的基础上。在福特公司欧洲分公司,受评者能提名自己的考核人。为了防止受评者选的全是对他有利的考核人,上司必须审核这些被提名的人。此外,福特要求考核人的组成有多样性:一位到两位上级,三位到六位同事,还有三位到八位下属。最后,考核人可以选择要不要采用匿名打分。夏庞蒂埃说:"20%的考核人选择公开身份,还有很多受评者和对应的考核人甚至互相讨论打分的过程。"

来自制造公司Tark的吉姆·麦卡锡(Jim McCarthy)在建立信任和坦诚的公司文化上花了大力气。他对坦诚的重视源自自己也曾是被考核的一员。"人们并不完全诚实。他们一直在夸我,但其实我并不是什么大圣人。"麦卡锡大大改变了自己和经理人及员工之间的沟通方式。过去他总避免痛苦的谈话,不让人们知道公司效益不佳的消息,而现在,他开诚布公地和员工谈业务。"要是没有听到我所知道的消息,人们就不会不断地提高业绩。"他说,"现在,我已经收到了鼓舞人心的反应。人们的反应是成熟的,他们很乐于听取别人的意见。"

者简介

作者简介

蒙奇·J.威廉姆斯,《哈佛管理前沿》(Harvard Management Update)的撰稿人。

彼得·L.艾伦,居住在纽约的作家、编辑及管理咨询师。他的书已由宾夕法尼亚大学出版社和芝加哥大学出版社出版。

卡伦·卡尼,《哈佛管理前沿》的撰稿人。

迈克尔·E.哈特斯利,《哈佛管理前沿》的撰稿人。

洛伦·加里,《哈佛管理前沿》的撰稿人。

劳伦·凯勒·约翰逊,《哈佛管理前沿》的撰稿人。

詹妮佛·麦克法兰,《哈佛管理前沿》的撰稿人。

哈尔·普洛特金,居住在美国加州帕洛阿尔托市(Palo Alto)的一位作家和编辑。他曾是《年度企业家》(Entrepreneur of the Year)杂志的编辑,目前正在为《旧金山新闻》(San Francisco Chronicle)旗下网站 SFgate.com 撰写专栏。

康斯坦丁·冯·霍夫曼,《哈佛管理前沿》的撰稿人。

爱德华·普鲁伊特,《哈佛管理前沿》的撰稿人。